U0665878

# 亚瑟法则

## 五十年，
## 成长磨砺
## 世界顶级建筑事务所
## 的创建历程

【美】亚瑟·甘斯勒 迈克尔·林登麦伊尔 著

马红杰 李 硕 译

中国建筑工业出版社

This book is a pithy, pragmatic compilation of the uniquely personal ideas that have powered Art Gensler's leadership in building his remarkable firm."

— TED W. HALL

"这是一本精炼、务实的书，它以独特的个人视角，记录了这家卓越企业的缔造者——亚瑟·甘斯勒的领导力。"

——泰德·W·霍尔

# 序
# Foreword

  亚瑟·甘斯勒（Art Gensler）在建筑和设计领域的领导角色等同于马文·鲍尔（Marvin Bower，麦肯锡公司）在咨询界、大卫·奥美（David Ogilvy，奥美公司）在广告界以及亨利·克拉维斯（Henry Kravis, KKR 科尔伯格·克莱维斯·罗伯特公司）在私募股权界的地位。上述的几位在史无前例的情况下，建立甚至创造了专业服务型公司。他们研发了综合型公司的管理模式，所提供的极其优质的新型专业化服务领先于世界。显然，亚瑟成立了一家真正的专业服务型企业，独立且持久屹立于建筑与设计行业。在晋思之前，以自我为中心的同行创业者成立了很多小型公司。

  而当前全球最大的建筑事务所——晋思（Gensler），以其非凡的规模和跨国的经营范围成为了设计领域的神话。一家设计企业是如何凝聚分布在六大洲、46 家分公司的 4800 位才华横溢的设计师和建筑师？更神奇的是，公司的所有专业人士都在谈论一个关于"一体化公司"的"古老咒语"。

  甘斯勒的成功之所以被广为传颂，是因为一般的设计企业奉行"君主制"管理模式,即一个强大的"自我"控制了公司所有的"领地"。这样的企业往往陷于内部地位、被认同度和酬劳的纷争,一旦新的"君主"出现,其普遍性后果就是"混战",随之而来的则是公司的重要人才接连离开去成立新的公司。

然而晋思通过"一体化"的运营架构,容纳了很多强烈的"自我"。许多人惊叹:"他是怎么做到的?"

《亚瑟法则》是一本精炼、务实的书,它以独特的个人视角,记录了这家卓越企业的缔造者——亚瑟·甘斯勒的领导力。不要期待这是复杂的、环环相扣的管理方法或行为特质的论述,确切地说,你将读到一系列管理企业、团队与自身的通用法则。

亚瑟承诺令他人成功的自信使这些法则形成一套体系——这反过来又确保了公司更大的成功。"客户至上"是他的首要承诺,也是大多数专业化服务型企业成功的重要信条。与那些囿于在内部争夺"王位"的"君主制"公司相比,亚瑟建立了一家专注于全心为客户服务的大型企业。

如果你想要领导一家专业化服务公司或管理其混乱局势,《亚瑟法则》将有助于你对领导能力的理解。书中内容广泛应用于各种领域,并经历过严峻的考验。所有专业服务型企业的有能力、有才华的员工都具备专而精的知识,他们通常会积极表达其强烈却以自我为中心的意见,而这类情况在设计创业者间尤为突出。很少有设计师天生就懂得如何管理专业服务型公司,他们大部分人是艺术家(或者自以为是艺术家），根深蒂固地规避组织和管理。因此，经过实践后亚瑟法则可能比其他同行总结的管理经验更健全（和实际）。显而易见，这些久经考验的法则确实适用于任何专业服务型企业。

《亚瑟法则》通俗易懂，你可以随时随地信手翻开，并从中获益。读完整本书，你将走进亚瑟 50 年的非凡职业人生。无论你是专业服务型公司的领导者，抑或刚刚开始自己的事业，你都会把这本书放在床头。

泰德·W·霍尔

（TED W.HALL）

麦肯锡公司荣誉理事

2015 年 1 月 11 日

# 中文版序
# Foreword of the Chinese Version

　　甘斯勒公司的中文名称是晋思公司，全名是 M. Arthur Gensler Jr. & Associates, Inc.，晋思公司的中文译名是近年才出现的。这是一家总部在旧金山的美国设计和建筑公司，也是全球最大的设计公司。2015 年的收入达到 11.8 亿美元，连续第五年在美国排名第一。在全世界 14 个国家，46 个城市都设有事务所，共有 4800 名设计师和员工为它工作。虽然这家公司在 1965 年才成立，远比世界上许多建筑师事务所要年轻得多，但是这家公司的业绩却是其他大多数事务所所无法比拟的。公司最初以室内设计为主业，但是随着业务的拓展，作为一家专业服务型企业，已经从事商务办公楼、购物中心、机场、教育设施、娱乐设施等建筑类型的设计，也参与城市规划和城市设计、战略策划、环境设计、产品设计、可持续发展设计等领域。

　　这本书自称为"亚瑟法则"，斗胆敢称为"法则"，必有其成为经典之所以然。法则有多重内涵，指法度、规范、准则、规则、规律、效法、方法、办法、榜样等，可以说法则是指规范社会行为的成文规则。

2000多年前的《荀子·王制》曰："本正教,正法则,兼听而时稽之",《荀子·非相》云："度己以绳,故足以为天下法则矣"。清代王夫之的《张子正蒙法·有德》:"言皆心得而可为法则"。作为一家全球最大的设计公司,如何管理和运营是一门学问,也是一门艺术,能治理得如此成功,必有其过人之处。看来"亚瑟法则"是其运营的宝笈。

很难想象,甘斯勒在1965年注册公司时的资金仅仅只有200美元,然后实现了连续50年的盈利。"亚瑟法则"的第一条就是商业法则,这是"亚瑟法则"体系的基础,这也是美国式思维之所以带来成功的所在。然后是道德法则:家庭、共享、信任与增值,也包括承诺和尊重,设计王国是一个积聚人才、创造价值、追求卓越、有企业文化的大家庭,无论对内对外都需要一种道德原则。正如英国艺术评论家罗斯金(John Ruskin, 1819–1900)在《建筑的七盏明灯》(*The Seven Lamps of Architecture*, 1849)一书中的主张:"一切实际法则都是对道德法则的解释"。

法国建筑师和建筑理论家德洛尔姆（Philibert de l'Orme，1514–1570）在《建筑学基础》（*Le premier tome de l'architecture*，1567）中指出"真正的建筑师……有四只手、四个耳朵和三只眼睛。一只眼睛看着上帝，用一只眼睛观察并评价当下的世界，用另一只眼睛预见未来"。说明建筑师的优秀，但也说明要领导并管理如此优秀的璀璨群星更需要非凡的本领。尤其是设计公司多能人，每个人都有丰富的创造力，如何在公司老板的领导和治理下发挥所有人的作用，如何通过"一体化"的运营架构，容纳众多强烈的"自我"。治理如此杰出的近5000人的设计王国，对于一位从事管理的建筑师来说，不是一般的艰难。也是在2000多年前，中国的老子就指出："治大国若烹小鲜"（《老子》第六十章），需要治大国般的责任、艺术、谨慎和细致入微的本领。动力、正直、合作、领导力、高效、创新是领导层遵循的法则，既是商业法则，也是道德法则。

成功不仅依靠商业运作，更需要成功的设计，在商业运作中，"以成败论英雄"也许是普遍的法则。"亚瑟法则"在今天之所以传颂，是由于晋思公司的作品和成功。晋思公司最为知名的作品有纽约肯尼迪机场4号航站楼、迪拜金融中心的丽兹·卡尔顿酒店（2004）、休斯敦芭蕾舞舞蹈中心（2011）、旧金山国际机场2号航站楼（2011）、伦敦脸书公司（2012）、杜克昆山大学（2013）、匹兹堡PNC广场（2014）、上海中心（2015）等。晋思公司是在20世纪90年代末进入中国市场的，一开始并没有引起人们的关注，直到2007~2008年在上海中心的国际设计方案征集中崭露头角，才得以让人刮目相看，从此在中国的设计业绩也源源不断。

这本著作既谈法则，也是经验之谈，书中介绍了晋思公司50年的成长历史、运营方法和管理模式。虽然没有告诉你太多有关设计方法的故事，也没有深奥的理论，但是有助于认识如何才能成功地设计，有助于管理和成功地运营"设计王国"。希望所有的设计院和事务所的领导都能读一读这本书，也许每个人都能从自身的经历中找到共鸣，有自己的心得，并创造适合自己的法则。

郑时龄

2018年3月

# 前言
# Preface

**从建筑师到企业家**

我从小就一直想成为一名建筑师。六岁时我喜欢上画房子平面和制作模型。那时候没有乐高，我用"林肯积木"和"建设者积木"搭建。

直到自己成立公司的几年后，我才意识到作为建筑师，不仅仅需要学习设计和建造，还必须学会如何成为企业家以及经营生意。

今天的晋思是一个拥有 4800 位员工、在 14 个国家有 46 处分公司的大型建筑设计企业。常常有人问我是否预料到会拥有如此大规模的公司，我的答案永远是否定的。我最初的梦想是创立一个可能只有 6 个人的小事务所，设计一些住宅，或者承接一些小项目，从未预想到会有今天。

**肇始**

我成长于"二战"期间。父亲由于年纪太大没有参军，所以他留在家，并在新英格兰地区开了一间建筑材料公司。记得那段时间我参观了几家建筑事务所，觉得自己适合这份工作，但那时并不知道这意

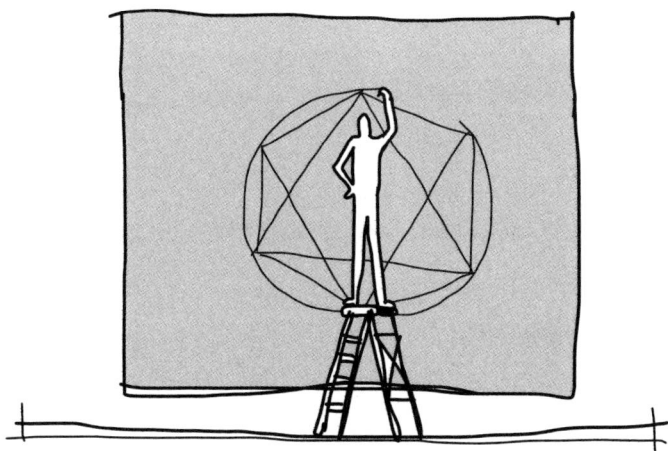

These are basic
principles of business
that make a professional
services firm great.

卓越的专业服务型公司
往往遵循基础的商业法则。

味着什么。

我的父亲是一位成功的生意人，他很早就开始训练我，我曾经用他教我的种种技能挨家挨户推销订阅杂志，直到攒够钱去买一副很好的棒球手套。

## 对体育精神的热情

我崇尚体育精神。它教会我很多关于如何驾驭工作和感受生活的方法。小时候的一次经历真正唤醒了我对体育精神的热爱，那就是风行全国的肥皂盒汽车大赛（Soap Box Derby），它最终来到我所居住的社区，点燃了我对体育精神的热情。这个比赛涵盖了设计、拼搏和竞争。赛前你会得到一组原始材料，内附四个轮子和一个方向盘，接下来就是想办法利用现有材料、5美元（参赛者所能花费的最大限额）以及你的想象力去组装一辆车，过程中家长不得参与。

幸运的是家里的地下室有一间工坊，所以整个冬天的下午和晚上，我都在完成篮球训练后到那里组装车。终于有一天我向父亲展示了工作成果，他看过后评论说："儿子，这辆车看起来很难取得名次，最好重新开始。"

这话听起来让人泄气，但也令我下定决心从头组装。事实证明他是对的，因为我赢得了11岁和12岁组别的冠军。遗憾的是，最终我输给了13岁和14岁的孩子，从那以后我意识到我是多么渴望并享受胜利。

## 冒险尝试

时光至 1965 年。我用 200 美元注册了以自己名字命名的公司，我的妻子管理所有行政职能和一个叫做吉姆·福利特的绘图员以及手头上的一份主要合同，就这样我们成立了晋思。幸运的是，我的父母给了我们 1 万美元作为第一栋房子的首付。

然而当时我并不知道接下来会发生什么，也不知道伴随公司发展，所做的那些重大而提心吊胆的决定意味着什么。我们一步步地建立了更多家分公司，成了一个全国性品牌，继而是国际化企业。那段时间，我们不断创造出增值的服务与产品。

## 一路上艰难的决定

在纽约、芝加哥和波士顿成立分公司的决定：当时有人告诉我们除非和某些人合作，否则将无法打入那边的市场。我们没有屈服于此，而且在没有他们参与的情况下取得了巨大的成功。

青年领导者管理委员会成立的决定。这个决定绕过了一些公司最好的专业人员，更是冒着失去资深员工的风险，但最后这并没有发生。

不设置封闭的办公室和独立的奖金核算部门的决定。因为我们觉得这将限制全公司的整体合作（更多内容参见第 43 节——"摒弃孤岛思维"）。

在伦敦成立第一家海外分公司的决定。当法律、规章和程序远比在美国所习惯的困难时，我们坚持采用自己的员工并开设了这家公司。

在中东和中国成立分公司的决定。尽管那时很多美国公司还在经历重重困难，尤其是在酬金和公平对待方面。

我们没有前路可循。随着时间的推移，我们从试验和错误中总结出一套有效的法则。

## 专业化服务人士的盲点

你是否梦想有一天，拥有一家属于自己的公司，或者壮大当下所供职的公司？

很多专业化服务人员有着和你同样的、通过创建自己的企业而实现独立和财政自由的梦想。但我所观察到的是，他们中的大多数深陷一个重大盲点：在技术专业方面投入巨大，却对商业一无所知。

事实上，若不能掌握基础的商业法则，那些梦想很难实现。因此这本书的意义就在于帮助消除那些阻碍人们成功的盲点。

## 从头开始

越早学习这些商业技能越好。这也是大学和商学院把商业技能纳入教学的重要性。没有这些技能，他们将教育出仅仅耽于梦想的学生。

即使没有创业打算的学生和专业人士，了解商业运作有助于其成为更好的团队成员，并确保他们有能力发展成功的事业。

**依靠自己**

追求梦想永远不晚。你也许是一位想建立自己公司的高级经理，或是一位想要保持积极主动、最终成为现供职机构的领导的从业者。

如果你真的想要去做，那么花时间掌握这些为伟大的专业服务公司制定的基本商务法则，它将带给你实现飞跃和自由竞争的自信。

我希望书中阐述的这些法则可以帮助你提升自我、团队，甚至所在公司。

亚瑟·甘斯勒

2015 年 3 月

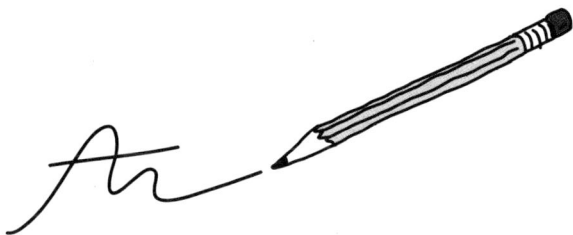

# 引言
# Introduction

　　本书旨在帮助专业服务人士获得职业感悟，令他们的人生在商业方面变得更好。这套法则揭示了通往建立成功企业或壮大当下供职公司的途径。

## 专业化服务人士

　　虽然我身处设计与建筑领域，但这本书是写给任何一位有一技之长的人。其中包括会计师、律师和管理顾问，也涵盖医生、室内设计师、工程师和建筑师。如果你从事平面或产品设计，抑或理财顾问，都可以在阅读中得到收获。

# This book
# is for you.

这本书是写给你们的。

**共同点**

在这些不同的领域中，有三点是共同的：

·首先经营以上类型的公司，依赖于创造价值的杰出人才。

·其次这些人付出了大量的努力、时间和财力，成为优秀的技术专业人士。

·最后一点，当其中大部分人专注于在各自领域成为最好的专家时，他们往往错失了占领市场的必备商务技能。

所以，无论你是员工、管理者抑或企业家，都需要掌握运营专业服务型公司的基础商务技巧。好的商务技巧能够展示你的价值，获得业务量，并给予你延续与客户合作周期的机会。

# Good business is for everyone.

好的生意能令各方皆能从中获益。

**主要理念**

书中原则遵循了四大理念：家庭、共享、信任与增值。

·家庭式企业的理念是一个统一概念，综合了很多法则。

·共享理念的重要性："自给自足"是公认的准则，但不要那样做。将"周一晨会"制度化有助于加强共享理念。

·一切的应对都围绕着"建立信任"，无论公司内外。这个概念很少在商业文学中讨论，但却是成功的关键。

·提升服务价值尤为重要。仅仅提供一般水平的服务不能成就杰出的企业。

**非技术介绍**

　　这本书分享了几十年来我在创建服务型公司中学到和实践过的法则，一切都来之不易。公司成立之初我的商业经验几乎为零。我写这本书是希望刚刚开启专业服务型公司冒险之旅的你能够看到。这本书会引导和促使你掌握更多的商务技巧，它们对建立成功的商业生涯至关重要。

　　如果你是一位专业化服务人士且希望不断成长，上述的四大理念会帮助你。若想充分利用本书所涵盖的原则，你不需要从头读起，以自己的方式，找一个感兴趣的话题开始。

　　记住，对任何机会都要充满热情。一旦你从书中所讨论的各类法则中发展出自己的模式，那么积极地追逐梦想，你将如愿以偿。

　　希望你喜欢这本书。

# 目录

创立服务型公司

# Building Service Companies

# ①
# 通用法则
# Common Sense
# Principles

**通用方法**

　　获得和掌握专业服务技能要花费很多年，需投入大量的时间和金钱，这种前期投入往往会让专业服务人员推迟学会商务技能。他们觉得学习商务技能要付出太多努力。

　　好消息是如果运用通用方法，将很快获得基本的商务技能。我一直在以下三方面非常擅长：把事情简单化、去掉不必要的各种术语以及充分应用法则而非费时费力。

**经受时间考验的法则**

　　这不是一本专业技能书。不会详细说明如何成为最好的会计师，怎样制定详细的战略计划或告诉你填写哪些法律表格。

　　相反，这是一本关于经受时间考验的法则书。它是关于在一个连

You know when it's right.
But why does it take so
long to get there?

你一眼就能看出来什么是对的，
但为什么要很长时间才能做到？

续 50 年盈利的企业经营过程中所学到的种种经验。

各种各样的管理思潮回环往复。我验证过这些方法中的大多数，或看过其他人在他们公司里如何试用。几十年来，我从自己和他人的经验中得到了最好的教训。

**调整和适应**

虽然这些原则适应于大多数服务企业，但重要的是你们得从自己的经历中总结经验，并根据具体情况调整及适应这些原则。

这本书是一个起点，其所提到的原则是帮助你建立商业技能基础。

我希望你以此为基石，并尝试不断向你周围的尊敬的人和其他专业人士学习。

# ②
# 达到规模
# Reaching Scale

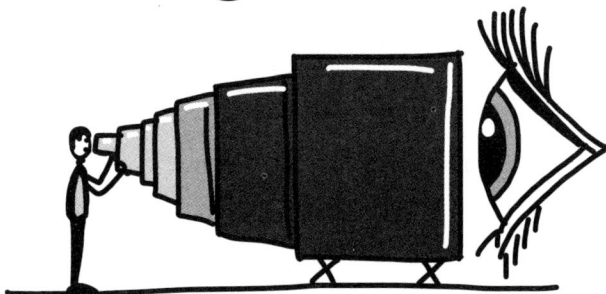

**规模选择**

从个体户到跨国公司，企业有不同的规模。关键是选择适用于你和你的合伙人的规模。

我尊重任何创造价值且满足客户需求的公司，无论它们现在或大或小，实际上都是从小做起。首先，你希望把你的公司发展至什么规模；下一步才需要了解怎样的步骤能最好地帮助你的公司达到预期规模。

# "The bottom-line question is: Precisely what is it that you want to be famous for?"

— TOM PETERS

"根本问题在于：你确切地想在哪方面取得成功？"

——汤姆·彼得斯

**增长的可能性与责任感**

一家公司的不断增长以及规模的不断扩大会创造出新的可能性。随着规模扩大,有更多机会开拓新的地区,发展新的实践领域和引入跨领域增强型技能。

规模同样带来了更多的责任与复杂性。需要熟悉和管理更多客户、员工和新的风险。你必须保证对公司每一个成长阶段都能充分了解并有效管理。这意味着你的公司将持续发展。

**服务型公司的扩展**

"慢而稳"是服务型公司规模化竞争的基础,因为其发展很大程度上倚赖人才,而人才需要花时间去发现、培养和创造价值。赢得客户和创建业务记录同样需要时间。你必须取得客户信任,并为每一个客户付出不同的回报,客户回头率依靠的是你是否能成功地帮助他们发展业务。

这不同于产品公司或互联网企业。产品公司批量生产,网络世界、互联网企业可以在相对短的时间内达到数百万用户。科技能完成大量繁重的工作,而服务型公司必须日复一日地争取每一个客户,它们的运作深深地依赖于人。

所以如果服务型公司想达到一定规模,必须具备长远的眼光。

**不同的技巧，同样的法则**

公司壮大的每一步都需要新的技能，但有一点是不变的，即将这一系列法则作为你成长的基础。我把那些帮助任何服务型公司达到一定规模且最适合它们的法则，集中分享在这本书里。

# 3

# 回到本源
# Back
# to Basics

要建立一个伟大的企业，必须掌握商业运营的基本知识。这套法则涵盖了任何服务型公司成长所需的基础。

## 人才

所有服务型公司的出发点是人。这是一种寻找、培养和配置最优秀人才来服务客户的商业类型。

想要做到这一点，必须塑造一种强有力的文化，使你的能力得到最大的发挥并对公司充满热情。生活越复杂，你成得越强大。当规模扩大到一定程度，你需要在公司领导层的能力建设方面加以投资。

还要牢记，这些人才是人而不是机器。所以你需要保证他们工作和生活中的活力。这也是一个大家庭应该互相为彼此做的事情。

## 商业运营

无论如何，记住三点——战略、销售和执行。精准的战略能够让你清楚服务的人群和输出的产品。销售是公司的命脉，你不可能建立一个没有客户支撑的企业。它是你开启每一天和完成伟大工作的原动力，它能够在晚上把食物准时放在你的餐桌上并让你的孩子接受教育，没有销售就没有一切。最后，你必须学会多产且高效地执行，当你有效执行时，客户才会尊重且对你有所求。

我们将探索这些基础知识，以及如何将其应用于成功的服务业务。

# ④
# 日日进步
# **Daily Improvement**

建立一个伟大的公司并不意味着个人英雄主义的实现，它是通过专注于日复一日的进步完成的。每一天都集中精力对企业的商务实践进行改进，你将在竞争中保持领先并在工作中得到最佳发挥。

**追求卓越**

做大事要有决心，没有捷径可走。尽管你能很快消化业务发展的基本法则，但仍需要很多年的努力工作和追求卓越才能掌握这些技能，并将其推广至你的公司。

# Repeat it over & over again.

重复一遍又一遍。

**持续学习**

当你开展业务时，你将面临方方面面的挑战。这就是人生。关键是你需要运用这本书和其他广阔的资源去增强你的商务技能。你必须采取持续学习的方法，这是跟上每一个服务行业变化速度的唯一途径。

**重复一遍又一遍**

我一旦发现一种适用的方法，就会一遍又一遍地重复。同时，也会一次又一次地把它传达给我的团队。

你千万不要想当然地认为一件事情只做一次或者对其发表一次性观点就足够了。事实并非如此。它是通过日复一日的工作形成的一种好的习惯，最终将成为公司核心文化的一部分。

如果你发现时代已经变了，这套法则不再适用，你必须积极地寻找可行的方法并将其推广至整个团队。

作为一个企业，我们曾经决定不再承接医疗保健项目。尽管它是建筑师最大的实践领域之一，也有很多在此方面资深的公司，但医院并不是我们想追求的项目类型。

说"不"的多年以后，我们发现了一个更有利的定位——健康产业，我们的专家能够在其中发挥更大的价值。所以现在我们拥有了一个全新的实践领域。

如果你已经建立起一个学习导向型机构，团队成员们会欢迎你的改变，但如果要坚持，你需要重复每天学到的新经验。这就是每日的进步如何逐渐变成你在竞争中的持续优势，并使你所在的组织成为最优秀、最聪明的人想要工作的地方。

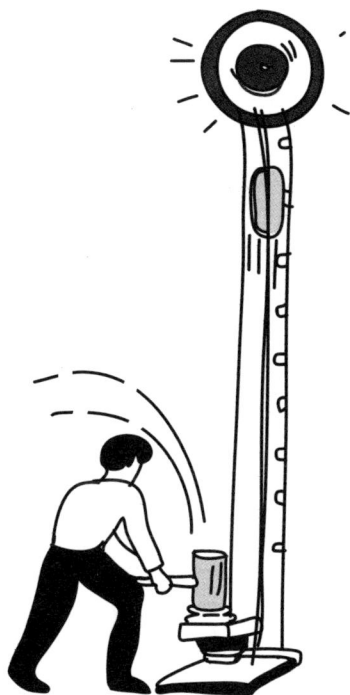

企业文化
# Culture

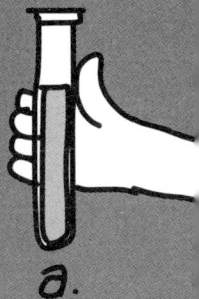

a.

# 5

# 企业文化的重要性
# Importance of Culture

从建立公司的第一天开始，你就得开创一种企业文化。从一家小规模初创型企业到功能完善的大公司，企业文化会不断地演变，但随着时间的推移，其核心价值观将落地生根并保持不变。想要改变当前的经营手法和企业文化是非常困难的。

企业文化可以开拓不同的模式，它是一种战略。你可以建立一家军事化风格的公司，有明确的指挥链，所有的权力都集中在少数人手里，你也可以选择完全分权的有限公司。而我鼓励的是家庭式企业文化。我认为假以时日，这是最持久和最成功的模式。

## 心态与手册

多数人认为企业文化是写在人力资源手册上的，每个人在加入公司时都必须遵守。但企业文化不是手册，其关乎于一种态度与风格的设定。

它是关于你的团队如何对待客户和彼此，关于他们怎样处理问题和创造价值，关于那些有助于人们在工作和业余时间都能做到最好的指导法则。企业文化是一种领导工具。

人们如何运用你的指导法则以及对法则的心态总和，就是你公司的企业文化。你将注意到强大的文化引领着强劲的执行能力。

## 身体力行

当公司的每一位员工，从前台到创始人都以这些指引为准则时，一个强有力的企业文化才会发展起来。只有大家坚持身体力行地实践这种价值观，你的企业文化才能持久。那是当管理层不在的时候员工也会遵循的。

一种强有力的企业文化有助于吸引和留住优秀人才与客户，因为员工了解引领你公司的是何种水平的先进文化。他们甚至买进公司股票并对公司持续做出贡献。

# Build an enduring family culture.

建立可持续的家庭式企业文化。

## 不断重复

设置一种行为模式需要两方面：一是清晰的价值体系；二是不断重复传递这些价值观。运用所有内部和外部沟通方式来传递你的信息，这样你的团队和客户才能清楚地知道你的市场定位。

## 企业兼并

当你的公司兼并或收购另一家公司，继而发展出一项新的服务或扩张至一个新的地域时，我需要提醒你，大多数兼并都会威胁到企业文化。

公司名牌的更换并不能提升其兼容性，也不会增强或改变企业文化。建立家庭式观念需要很长时间，除非你准备好为这两家公司的整合坚持不懈地努力，否则应该避免兼并的发生。

# ⑥
# 成为一家人
# Be a Family

**家族团结**

虽然这在今天的新型企业文化里看起来有点儿落伍，但我依然坚持应当在工作中建立一种家庭观念。

强大的家族会在兴盛的时候一起庆祝，也会在艰难的时候共同寻找前行的道路。这并不容易，但是值得。你们一起工作、一起游憩。

**"拒绝混蛋规定"**

家庭意味着心里不能只有自己，而是为其他人寻找新的机会，当他们身处困境的时候给予支持，并在乎其感受。

如果我在公司里发现自私且表现得像个混蛋的人，即使具备杰出的才能，我还是会请他们离开。他们是有毒的，你绝不应该让你的公司变成一个自私和错误态度的堆填区。对我来说，幸运的是，这种情况非常罕见，因为我们在招聘过程中就已投入了大量的时间来避免这个问题。

如果你想拥有一种健康的家庭式企业精神，那么一定要确保在公司遵守"拒绝混蛋规定"。

## 我们和我

家庭是关于"我们"的力量。想想你说话时以"我"为开头的频率，"我做过这样"，"我做过那样"等等。

得克萨斯大学的一项研究指出，说话时经常以"我"为开头的人缺乏力量与自信。换句话说，家庭比个人更强大，所以从"我们"开始吧。

## 寻找乐趣

家庭意味着相聚的时光。

在艰难的时刻，大部分公司会选择削减员工聚会、体育社团和领导层会议。

你下次打算节省开支的时候，应该重新考虑考虑。你可以去掉一些不必要的，但把它们全部取消就彻底清除了你的团队在业余时间共同度过美好时光所必需的空间。

同时，你一定要支持纯粹的娱乐活动。多年来我们尽最大努力组织"把工作留在办公室"活动，希望我们的员工通过这些有趣的经历交流观点，互相启发，建立信任。这就是晚六点后的生活，一起享受吧！

## 一诺千金

家庭是深深的承诺。维系它的方法是确保利益一致。

我们曾发起"员工持股计划"（Employee Stock Ownership Program，简称 ESOP）。从前台到首席执行官，每个人都有机会参与公司经营，并将他们的利益与家族联系起来。

我认为"员工持股计划"就像业主和租客的关系。如果你拥有一套房子，你会不断尝试维护和改善它。如果你只是一名租客，就仅仅是住在那儿而已。因此，所有权能促使你的员工想要不断提高自己和所在公司的实力。

当我第一次出让自己股份的时候，人们以为我疯了，但想建立一种家庭式企业文化，就必须把每个人维系在一起。最终，我剩余的持有股份比我把全部股份留在手里的价值大得多得多。

晋思例证
# 财务状况透明

我们每一年都会在不同分公司的城市举办一场"管理层大会"，所有的会议和活动都邀请员工的伴侣和重要亲属出席。

我们把大会看作是一个了解彼此、分享观点和各地分公司展示他们自己城市的机会。

我们尽可能邀请不同的人在会上发言，从而启发新的思想并鼓励每一位员工。

尽管我们想同公司的每一个人都建立稳固的关系，但作为企业，我们也希望员工及其家人清楚地了解公司的财务状况。年会上，我们有一个公布年度财政盈亏的环节，我们认为这种方式是在办公室内外维护家庭式企业文化的关键。

# ⑦ 一体化公司 One-Firm Firm

**成为一家一体化公司**

多数专业化公司的规模很小。它们试图发展为 50 人以上，但往往在此处停滞不前。其龃龉前行的一个最主要原因就是无法形成一种一体化公司模式和家庭式企业文化。与这种文化相伴的是充分共享与团队精神。

**聘请最优秀的顾问**

随着公司实践领域的发展和开拓，我们决定寻找心目中的榜样企业。其间很纠结，因为我们想要找到自己公司能够遵循的指导法则，但在同质化的业务范围内，我们所看到的企业都以不同的法则运营，它们的企业文化各异。

于是我们接触了管理顾问领域并找到麦肯锡咨询公司。与他们合作，我们发展出了自己的"一体化公司"哲学。我们把办公楼定位成工作室，而不是一个办公地点。我们还创立了自己的"群星汇智"（Constellation of Stars）模式，而非"独大"明星设计师思维。

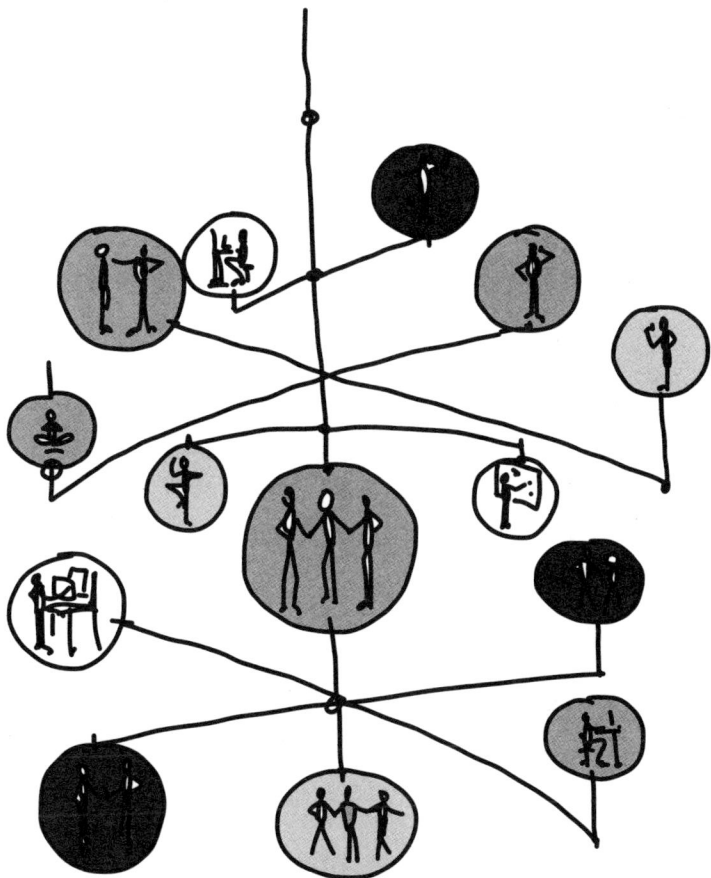

当你找到最适用于公司的模式时，就要考虑引进睿智的专业人士。与专业化服务公司的运营专家大卫·梅斯特（David Maister）合作时，我们意识到他的价值是无法衡量的。所以无论是会计事务所、律师行或者管理咨询公司，都要聘请最好的，这会带来丰厚的回报。

**独立的恒星体系**

大部分中小型专业化服务型企业都是由一位行业中的佼佼者努力开创的。他或许是备受尊敬的专业化服务人士，例如律师、设计师或管理顾问。

客户相信这个人，并希望确保公司里的这位"明星"最终参与到该项目的每个环节。

公司的其他人仅仅是幕后和配角，这就为其可能性设置了一个上限，因为"明星"每天只有这么多时间。

我相信有另一条促使中小型企业逐渐发展壮大的途径，就是一体化公司模式。

**星群**

我建议你构建一个"星群"，而不是依靠一颗"明星"的力量开创公司，从前台到所有执行部门，也包括后勤职能，全方位吸收顶尖的人才。

这非常重要，原因有三：

·首先，客户会得到更大的收益和更好的服务。一个"星群"中即使存在一颗极度耀眼的"明星"，无论它多么闪亮，其他的星星都能发出光芒。

·其次，客户与你的公司合作的全过程是一次优质体验，这就消除了很多业务上的摩擦，和你做生意越容易，就越能保障获得更多的项目。

·最后，在公司建立起韧性。单纯依靠一位独立"明星"创建公司风险很大，而"星群"更可能获得新的想法，在艰难的时候屹立不败，还能构建一个公司的经验传承体系以助公司迭代成长。

**群星汇智**

协作导向的企业文化、所有制和公平共享的建立需要信任。信任则需要诚实、坦率和开放，以及摒弃以权谋私。在聘请和晋升一位专业人员前，要确保他们认同和遵循这些价值观。这些价值观使得公司保持自我审视，淘汰带有"孤岛思维"的人，同时也将优秀人才汇集起来建设一体化公司。例如当一个同事的项目陷入困境时，支援并帮助他（参见第43节"摒弃孤岛思维"）。

给予员工一起付出、一起收获的机会。你必须建立起他们和公司之间的信任，一旦他们知道在公司会得到公平待遇，就会愉悦地开始团队协作。记住要让办公室政治远离你的工作，摒弃它，工作环境里不需要钩心斗角。

# 8

# 信任的重要性
# The Importance of

**强有力的通货**

在任何关系中，最强有力的通货是信任。建立信任很难，但失去却很容易，且一旦失去了几乎不可能重拾。

信任是将无论身处困境或逆境的人聚集起来的黏合剂。你必须与客户、商业伙伴和员工建立起信任关系。当人们彼此信任的时候，他们会共度时艰，且诚恳地为他人庆祝成功。你能够变得自信而谦和。

投资信任，回报永远丰厚。

# It's always worth investing in trust.

投资信任，回报永远丰厚。

**坏消息和变化**

两种情况会使人们忽略或回避真相。一是当事情出现差错，人们想办法掩盖或粉饰坏消息，这是可怕的领导行为。

如果事情朝着错误的方向发展，那么立刻停止，不逃避责任，并找出前行的道路。这可能意味着要与客户和员工进行艰难的沟通。

承担后果与克服挑战，远比逃避真相直到问题发展至无法挽回的地步要好。

变化时常发生，这就是生活。有一些不可控的因素会影响你交付客户成果的能力。这意味着你需要让客户了解问题所在，找到一种变通方法，且继续向前迈进。试图在最后一分钟才告诉客户这个坏消息或掩盖问题，只会对以后的关系造成更为严重的伤害。

**无法遏制的野心**

有野心是一件好事，但不应该贪婪，贪婪为谎言打开了通道。为了眼前的利益，你失去建立持久合作的能力，因而丧失了长远的利益。从费用报销这种小事到大事件，贪婪无处不在，它势必毁掉信任。所以一定要区分野心和贪婪。

**信任的回报**

信任有两大益处。一是关于客户，如果客户知道你是诚实而直接的，他们通常希望在困境时与你合作，且很乐意在情形好转后积极推荐你。

另一大好处就是能够与公司开展真正的合作。员工们知道他们可以与客户彼此信任，自然会产生一个强大的内部引荐市场。他们也清楚能够通过彼此信任来完成同一客户的项目中各自的部分。

这两大益处是建立强大的家庭式企业文化的基础，并在 50 年里都对我非常有用。

**晋思例证**

# 以实报价

我们承接了一个大型办公区的设计和规划服务项目，内设多种建筑单体和公共设施。我们需要提供方案和报价。当我问他们这个项目的预算是多少时，出于各种原因他们没有告诉我。最终汇报时客户被我们的报价惊呆了，说我们是另一家竞标公司费用的两倍。我很精于数字，在自己熟悉的领域感到很自在，我向客户阐述了报价中各项费用的产生，然而最终他们决定采纳另一家公司的方案。这家公司虽然不是本地企业，但特地为这个项目增补了人员。几个月后我从报纸上得知这个项目暂停了，客户只租赁了一座现有的办公楼里的空间，报道没有提到该项目超出预算。

这次经历之后，那家公司再次找到我们，他们知道我们是诚实地对待数字和报价。今天，我们持续承接了这个客户所有的设计和规划工作。

# ⑨ 道德规范
# Ethics

**永远合乎道德规范**

在道德问题上没有捷径可走，要么是，要么不是，它是你人格的基础。这意味着如果你碰见了一个道德水准比自己低的合作伙伴，你们的关系将出现问题，但坚持原则会令你最终获益。如果你因为竞争对手做了不道德的事情失去了一个项目：别愤怒，也别急于为自己讨回公道；别抱怨，更别失去了前进的方向，另一个机会永远等着你。

# Winners
# are ethical.

遵守道德准则才是真正的赢家。

## 成为赢家

赢家是遵守道德的。他们明白非道德也许会带来一些短期利益，但不可能永久获利。

赢家说话算话，且遵守自己的承诺。由于彼此信任，他们以道德建立起一个更强大的可持续循环的整体商业系统。

## 公司内外

有一些企业文化被贪腐毒害。关键是坚持你的标准，永远不要试图降低标准，这是一个滑坡效应，会置每一个人于危险境地。

所以无论公司内外，都要以道德规范要求自己。

晋思例证
# 拒绝洗钱

我们有一位客户公司的财务部门主管，公司当时正在做一个大型室内项目，有一天他要求我通过公司账户为他自己的家买一些家具，并试图经银行把这笔钱洗干净。我拒绝了，并且与这个客户终止了合同。他最终因为其他不法行为入狱，显然他还是找到了愿意配合他"拐弯抹角"的搭档。

# ⑩ 公平共享
# Fair Sharing

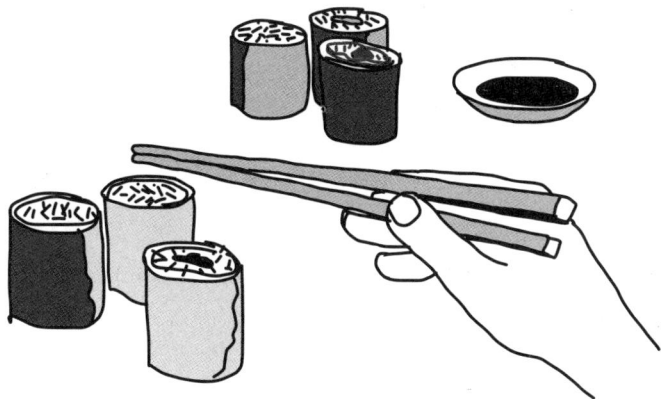

**何谓公平**

对于每个人来说，薪酬管理都是一项困难的工作，尤其是新手老板和管理者，非常具有挑战。他们不是多付就是少付，要么试图取悦每一个人，要么只想着自己。

消除这种问题的关键在于实行公平共享。

**公平共享的益处**

公平共享有五大益处:

·首先你传达了一个清楚的信号: 你的公司是一个精英管理机构。发出这个信号后,每一位员工都会知道他们的晋升与表现关联,且立刻明白付出和回报成正比。服务型公司常常会变为厚此薄彼的"封建领土"。更有甚者是"奴隶"工厂,每一个人都努力工作,却只有一个人或几个人享有全部利润。

·第二大好处是可以让一种家庭式的企业文化生根发芽。它意味着所有员工都互相扶持。在缺少公平共享的企业文化里,人们很容易变成一群雇佣兵。他们争斗、想当第一,并不关心团队的其他成员。

·第三个好处是团队协作可延伸扩大至整个公司。如果每个人都知道他们的贡献会得到认可和回报,就更可能在一整年中积极参与、互相帮助,从而为客户带来巨大的收益。

·第四个好处是公司的所有员工都将有长远的眼光。当下我们的市场受短浅目光的困扰,在这种情况下,人们攫取眼前利益,而置公司的长远发展于不顾。短期获利会激起市场泡沫,可能带来吞噬全球的信贷危机。公平共享的存在能够让人们留下来,他们希望公司生存和发展可以帮助他们开创硕果累累的事业。

·最后,服务企业常常面临年度困境。它们将所有的现金用来派息分红,所以年初的时候用于公司下一年发展的钱已所剩无几。在实行公平共享文化的企业里,你的团队愿意分担公司的成长投资。他们理解留下一小部分发展公司的钱或未雨绸缪很重要，他们可以少一点分红而让公司变得越来越好，因为公司的壮大能够让他们自身增值并获得长远利益。

"Sharing means that a team has a common objective. As the saying goes: There are no winners on a losing team."

— MICHAEL HAMMER
Fortune magazine

共享意味着一个团队目标相同，
常言道："覆巢之下安有完卵？"

——迈克尔·哈默
《财富杂志》

**利润共享**

很多企业依据工作单位或地点分配利润。我相信这造就了"孤岛思维（Silo Thinking）"，且阻碍客户与信息共享。而我们是基于公司的交付价值来分配利润，这更难管理，但它是一体化公司的企业文化和团队精神的支撑。

**共享阶段**

不同发展阶段有不同的共享方式。当公司刚起步，我认为最简单的方法是公平的底薪加潜在奖金，我们在预算里增设一笔奖金，所以如果达到预算，所有人就有分红。

**股权**

创业公司往往以分配股权来吸引人才。我建议大家要谨慎，因为找到合适的人选需要时间。

如果人选不恰当，再买回他的股份就很难了。所以要等待和确保每一个人都适应你的企业文化。

很多公司要求高层入股。虽然我的家族在公司成立之初持有全部股份，但我们选择赠送一部分给员工，因而我们的持股量也降低了。大部分员工没有现钱买股票，我也不鼓励他们为了入股去银行贷款。我们通过这种方式得到的信任是巨大的。

**分红制**

利润分配很重要。随着企业盈利的增长，我认为建立一个正规的分红制度是最佳途径。一个运行良好的分红计划，可以使你和你的员工在退休多年后继续分享它所带来的巨大的长期利润。

最后，当公司达到一定规模且考虑将其一代代传承发展时，我强烈建议你研究员工持股计划（ESOP）。它将每一位员工变成所有者，并为所有权的转变提供一个合理的金融模式。

**领导排在最后**

实行公平共享的公司最明晰的标志是领导最后分红。公司有盈有亏，有时业务量很大，有时却很少。

我们一直执行领导最后分红的规定，从后勤部门到前台再向上分配，而我自然是最后一个。

当公司困难的时候，作为领导自己可能拿不到任何奖金。当形势扭转时，你有能力支付领导层相当多的分红。

当你在公司实行这个制度，向员工履行你的承诺是一个漫长的过程，它表明了你把团队放在首位。在公司盈利的时候，你自己会有很多分红，你的团队也将很高兴看到你或任何一位合伙人、经理和领导的成功。

# ⑪ 不留残局 No Dirty Dishes

**注重细节**

伟大的战略是公司发展的重要指南，但小细节有助于实现成功。这意味着用尽所有方法确保办公室茶水间的水槽里没有脏盘子。

**不留残局**

从第一天起，我就要求每个人都在自己的工作处理好后，保证茶水间的水槽里一整天都没有脏盘子。在事业刚刚起步阶段，你还在为生活打拼，这看起来似乎是一件很奇怪的事情，但这类小细节向你的团队和潜在客户传达了一个信号，它发送了四个关键信息：

·首先是团队成员互相尊重。为下一个使用水槽的人留下干净整洁的空间，意味着你对他人的日常生活足够关心。

·第二个信息是你必须从进公司的门那一刻就审视自我。没有人不屑于洗盘子，其有助于产生这样一种企业文化，每个人都参与进来，且无论如何都要把工作完成好。

·第三是加强对我在这本书里始终论述的态度。客户的工作充斥着各种残局，项目中永远会突然出现一些小细节，优秀的专业化服务人员能挽起袖子帮助客户找出解决方案。

·第四个信息是每一段经历合在一起塑造了潜在或当前客户对公司品牌的看法。你的办公室是一个大的品牌环境，你应该让客户知道你是专业的、值得尊敬的和优质的机构。而一堆脏咖啡杯或污迹斑斑的微波炉则恰恰相反，所以永远保证没有脏盘子。

# ⑫

# 以之为乐
# Make It Fun

生活是有压力的。工作中充斥着各式日常压力，你必须认识到这一点，并使公司的工作氛围充满乐趣。

**愉悦的环境**

如你所想，我们非常关心并确保员工在一个愉悦的氛围中工作。怎样创造一个有吸引力的环境是所有行业和每个公司文化的具体表现。

关注周围的环境很重要，吸引专业化服务人士，且知道他们追求的是什么，一旦你了解他们的需要，看看能不能将其纳入工作环境。

**有意义的工作**

没有什么比无聊的项目更快消耗士气，让你感觉自己在一个死胡同里。如果想让你的团队积极投入并乐在其中，一定要保证他们的工作有意义。确保这种工作对他们来说有挑战性，能够提升技能，并开辟通往更有意义工作的路径。

**舒缓压力**

无论如何，生活都会有压力，有时候你需要排解。最有效的方法之一就是支持球队和举办适宜的聚会，且保证和你的同事一起参加。这些活动成就家庭式企业文化，同时也是共享原则的支撑。

如果你是领导层，那么多花点精力为团队带来更多活力，一切都会变得不一样。

**晚会的策划团队**

当公司发展壮大时，让你的团队参与策划过程。这将有助于确保把员工们的喜好引入聚会内容，而不是做领导认为他们喜欢的事情。

策划和筹备晚会的乐趣不亚于晚会本身，娱乐对于保证员工愉快和健康至关重要。

愉快和健康的工作环境是成功商业的基础。

晋思例证

# 公司无论大小，
# 竭尽全力

无论你刚刚起步还是坐拥一家大公司，都需要努力。

公司成立之初，我们决定为员工的孩子们举办一个圣诞派对，每人预算 15 美元。这在当时来说，预算已经很充裕了。我认为应该由圣诞老人来派发礼物，猜猜是谁亲自下海来挑选衣服扮演圣诞老人？

随着公司的成长，我们买了一套漂亮的圣诞老人装。但问题来了，这套衣服适合纽约城第五大道冬天的天气，而我们的聚会在西海岸的室内举行，所以在这儿，圣诞老人会觉得自己在蒸桑拿，但这一切是值得的，因为正能量是巨大的，这鼓舞了新一年的士气。

相信我，一切努力都不白费，关键在于你创作出最好的方式来鼓舞团队。

# 领导力
# Leadership

# ⑬
# 领导者的关键属性
# Key Attributes
# of a Leader

**合适人选的属性**

这个世界充满着高度的竞争。竞争能够刺激成功,也可以踢你出局。

如果做得好,领导者和管理者是一个高尚的职业。没有任何其他的岗位能提供如此多帮助他人学习和成长的途径。你也将通过招聘员工和组建团队得到回报。

你的目标是建立一个持久兴旺的企业,这意味着要由合适的人组成领导团队。

在你的领导团队中,需要找到和发展六种主要特质。

**动力**

带领一个团队进军市场,夜以继日不断地开展新业务,为客户带来巨大的利益,且始终保有竞争优势,需要有极大的主动性和精力。

Six main traits to
seek out and develop:
**Drive
Integrity
Collaboration
Focus
Efficiency &
  Effectiveness
Innovation**

挖掘和培养六种主要特质:
动力、正直、合作、专注、高效有效以及创新。

这源于一个人内心深处的追求。充满干劲的人喜欢创造业绩，乐于承担更多的责任，并有强烈的求胜意识。这意味着你一定想组建自己的团队并能与之同乐。

## 正直

虽然有很多充满动力的人迫切想赢，但这些人必须同样致力于正直的人生。正直也根植于每个人的内心，其结果是成为坦率、诚实和公平的领导者。正直的人能够获得长远利益，他们懂得欲望和野心必须经过正直的检验，他们了解信任需要很长时间建立，但一个错误的决定就能将其摧毁。

强有力的领导者知道如何创造卓越的成绩并保持自身的正直。

## 合作

有的人认为领导能力意味着指挥和控制其他人。其实尽管领导力伴随着决策权，但当你变成一个独裁者时领导力会被误用。好的领导者像一支球队的教练，在工作中体现导师职责。

领导者清楚让不断涌现的新的人才走向新的领导岗位，可以为公司开展新的业务、领域和经营范围。他们把公司看做一个家庭，希望下一代做得好，所以他们愿意为此花费额外精力，这一点是共识。

作为领导，你的工作是在会议结束时做出正确判断，而不是会议开始的时候武断发表意见。你需要做的是挖掘所有的事实和观点，最终做出正确的决定。你需要衡量自己的判断是否正确，而不是衡量一开始的时候想法是否正确。

## 专注

如今专注已经是一项罕见的技能，那么多的电子装置、软件程序和社交群分散注意力，非常容易让你变得忙碌且徒劳。强有力的领导团队知道怎样集中注意力并将工作效率保持到最后阶段。

## 高效且有效

领导者身兼为客户高效地服务和创造产值的双重责任，同时又有义务使之通过一种有效控制成本的方法来完成。

商业运营中的一个事实是如果你不能以正确的方式启动一个项目，那也不能以正确的方式完成它。我们通常在认识到问题究竟是什么之前就激动地想开始一个项目。

很多有才华的专业化服务型人员对于创建有效的业绩很在行，但他们通常被认为管理力不强或效率不高，他们更擅长扮演艺术家和专家的角色。当你招募和组建一支领导团队时，你需要培养对这两方面都同样尊重的人。

"The only sustainable competitive advantage comes from out-innovating the competition."

— JAMES MORSE

《唯一可持续的竞争优势来源于创新。》

——詹姆斯·莫尔斯

### 创新

今天当领导者专注于有效且高效地为客户创造价值时，他们同样需要保持耳聪目明，从而发现未来的趋势。

合格的领导者能够识别未来趋势，且在竞争中找到做好准备及准确定位公司的方法，避免被破坏性的竞争对手打得措手不及。

创建成功企业的唯一途径是共同的目标以及合适的人选。

当你的员工为了一个新的想法而兴奋时，你同他们一起工作，要对其精心的实践行为予以支持。不要孤注一掷，但在适当的时机探索革新并支持和接纳改变。

创新的关键途径是抓住新的趋势并赋予其需要的结果。如果你和你的团队一直期待找到所出现的新问题的最佳解决路径，那么你将开发出一种属于自己领导能力的关键技能。

记住，你的衡量标准非常重要。如果你想完成某件事情，那么先衡量它，你很快会看到进步。如果定期测量结果，人们会看到持续的改进并对此做出迅速的回应。

# ⑭ 领导者的核心技能
# Core Leadership Skills

**每一位领导者需要具备的六种技能**

一名优秀的专业服务人士不一定是一位杰出的领导者。大部分专业公司都在努力寻找、培养和提拔成功的领导者。

如果你希望扩大规模以与竞争对手竞争，那么你必须创建一个更有力量的领导团队。你需要寻求和发展成为杰出领导的六项技能。

Six skills to seek out
and develop:
**Focus
Decisiveness
Imagination
Commitment
Excellence
Communication**

挖掘和培养六项技能：
专注、果断、想象力、负责、优秀、沟通。

**专注**

我们总是期望公司顶尖的专业人士能够在工作期间全神贯注在一项任务上。虽然个人专注是一回事，但有能力让整个团队集中注意力并完成任务是另一回事。

好的领导能够专注对外，以市场的角度定义成功。他们可以让人才与其所需完成的工作保持同步。

**果断**

领导们需要日复一日地做出各种大小决定。有些很容易，而有些则很困难。你要自己成为或任命那些追求明确且有自信的决策型领导。所有领导必须对其决定负责。

**想象力**

做出正确决定是一回事，衍生更多的可能性是另一回事。这或许是新的服务理念——开发新市场或以创意手段来提高工作效率。

好的领导者兼具想象力和启发团队的能力。

**负责**

领导一群才华横溢的专业人士是很困难的。如果你想做的不仅仅是管理一群雇佣兵，那么就需要树立家庭精神。这是培养信任和忠诚的唯一方法。承担责任是通过以身作则建立的。

避免提拔推卸责任和在胜利时抢风头的人。这些人永远不会成为优秀的领导，就算他们是出色的专业人员。

不要容忍那些喜欢冷嘲热讽或否定对手的人。他们会令员工互相争斗，并因自己的职位而坐享其成。这将毁坏公司长期成功的基石。坦率地说，尽快开掉他们。

**优秀**

你一定希望你的领导者们都能够在各个职能或市场部门中出类拔萃。希望他们不断寻求提高自身能力、汲取他人观点，并向团队分享自己的经验，从而使其更好地服务客户和赢得业务。

**沟通**

说话直接且明确是你想要的领导风格。领导者应该了解如何把复杂的想法简单化，并清楚地沟通重点。

一位领导者可能具备其他所有的必需特质与技能，但如果没有清晰沟通的能力，他们也难以成功。如果你有一个强有力的候选人，但他缺乏沟通技巧，那么你要确保令其制定一个提升这种能力的训练计划。

## (15)
# 品牌的建立与保护
# Build and Protect the Brand

**企业中领导的三种角色**

你努力经营公司并且为客户服务。当你独自进行创业时，你需要组建团队。一旦到了这个阶段，你就要寻找、培养和激励一支领导团队。

企业的每一位领导者必须扮演三种关键角色，即公司与品牌的守护者、支持者和捍卫者。

# Three key roles every leader should play:

## Guardian
## Champion
## Protector

领导者应扮演的三种关键角色：

守护者、支持者、捍卫者。

**守护者**

每一个企业都有自己的品牌。长远来看，那些具有根深蒂固价值观的公司发展得最好，它们对自己有清楚的认知，为客户不断创造价值并从中获利，而且能够以成功的企业文化吸引尖端人才。

事实是想综合地发展一个强大的品牌，需要付出大量努力、精力和财力。你必须注意到这一点：你的领导团队有责任成为公司品牌的守护者。

唯一可持续的宣传或推广源于创新竞争。企业需要提供更高质量的解决方案，更好的服务，更耐心的聆听，且更了解客户的行业知识。

领导者必须理解、分享和强化上述内容。最好的领导团队尊重高绩效的品牌价值，并深知懒惰的工作态度将慢慢毁掉一个品牌。他们会非常认真地对待品牌守护者这一角色。


**支持者**

你每一次给公司成功地带来一个客户，都在为其创造价值。当你持续做这件事情，信誉就会建立，你开始拥有价值创造的传统，这势必推动公司品牌的影响力，开创新的市场，也将成为你的名片。

领导扮演的角色是公司传统的支持者，他们走出去，将其口耳相传，让潜在的客户和人才了解你的公司，对实现伟大的抱负充满热情。

要寻找和建立新一代宣传、交流和成为杰出品牌支持者的领导技能。

**捍卫者**

树立良好的声誉是一项艰巨的工作。伴随着公司的成长发展，越来越多的人代表你的品牌。当你有优秀的守护者和支持者时，你将更有实力扩展和续写公司成功的历史。

每一家公司都将面对不法分子带来的挑战。那些变得贪婪的人会走捷径，并损毁公司声誉，你必须捍卫所有的努力以防被他们损害。

这意味着你发展的领导团队必须展现出最高层面的正直，并对保护公司名誉充满热情。他们必须承担起公司声誉捍卫者的角色。

晋思例证
# 一致性

在公司发展的起步阶段，我们在公司的品牌建立方面有惨痛的教训。伴随晋思的项目、员工和分公司数量的不断增加，我们每天都处于高度投入状态。

其挑战是每一位专业人员都在运用创作新的、独特的表达形式，每一次汇报都完全不同，缺乏一致性，没有及时建立属于自己的品牌。

当意识到这一点，我们努力寻找构建一致性的方法。今天我们已经拥有了一个强大而明确的品牌。

# 16

# 感性的力量
# Emotional Strength

领导能力不仅意味着拥有某些核心技能与必要特质，同时也要求展示个人的力量和勇气。

## 力量

竞争是强有力的驱动者，它促使我们做到最好或被踢出局，它推动我们创新，开展新的服务，并致力于为客户创造始终如一的利益。

我们羡慕一流的运动员、音乐家和专业人士，是力量把他们联系在一起。成为一位好的领导者需要实力。我不是在谈蛮力，而是性格的力量。对我而言，力量是不断进步，坚持崇高的道德标准和支持自己团队的意愿。

不幸的是，有些专业人士给竞争带来了坏声誉。各种例证，不一而足，他们没有竭尽全力，而是走非法捷径，且极其自私。这些人自以为很强大，但实际很脆弱。

当你成立自己的领导团队时，确保他们展现的是真实的实力。

"Look at your employees'
toughest problems and
make yourself part of
the solution."

– UNKNOWN

《寻找员工面临最棘手的问题，
让自己成为解决方案的一部分。》

——佚名

**勇气**

境遇有时艰难，有时甚至残酷至极。我们公司已经经营了50年，曾有过繁荣和萧条的周期。我见证了很多公司的崛起和衰落。

不可预期的环境和政策变化会戏剧性地改变公司的境遇。管理团队有责任引领公司渡过难关。我们必须服务客户，保护工作伙伴和他们的家庭。每一代从业者都经历过这些起起落落。

萧条和充满不确定性的时期，最终验证了你在公司建立了何种企业文化。

我曾见过一些公司在艰难的时期挣扎、奋斗和崛起，其间正是领导能力和企业文化展现出了勇气。

勇气是领导团队的必备要素。当你招聘或考虑一个人所担任的领导职位时，一定要让他们经历挑战，观察其如何处理彻底的失败。

他们能否勇往直前？他们能否做出在短期内痛苦、却能挽救团队的必要决定？他们能否振作、拂去灰尘并重回战场？他们能否一再如此？如果是，他们勇气可嘉。

我尊重他人的勇气，你亦应如此。

# ⑰ 严格且公正
# Be Tough but Fair

**决策者的日常**

作为企业或集团的老板或领导者，你整天都在面临决策。商业的成功将取决于你怎样做出决策以及如何实现这些决策。

关键在于始终如一的公平与合理。而挑战在于商业总是面临来自各个方面的压力，这意味着你必须做出艰难的抉择。

诀窍是要严格、公正且合理。

## 对于团队

服务业是关于人的业务。人复杂且情绪化，比如传达坏消息就很难以启齿，其中可能包括告诉某人不会加薪的决定，或告诉某人需要培养新技能以便明年升职，而不是今年。

这也许意味着在正面临挑战的团队内部进行调节，也可能意味着想要说服高管在公司不景气的时候放弃奖金。问题是让每一个人都满意是不可能的。如果你想这么做，你将被内部政治生吞，且最终失去团队的尊重。

尽管这么做会让你感到不舒服，但仍要保持强硬，并解释你之所以这么做是认为它符合所有人的最佳利益，这样将赢得他人的尊重和信任。

## 对于客户

保持严格而公正同样适用于客户。专业化服务人员经常面临客户的不合理要求和不当举止。

所以坚持立场很重要。如果一个客户超越合同约定范围而最终令项目亏损，你必须坚定立场且找到对双方都有益的解决方案。若因害怕失去客户而做出错误的决定，那么你将开创一个坏的先例。

一旦你被一个客户挟制，将很难恢复与之健康的关系并保有团队的尊重。

有时候，当客户辱骂你的团队成员时，作为领导，你必须向客户

"Talent never wears out.
Make weakness
irrelevant."

— PETER DRUCKER

《人才永不耗损，用其所长。》

——彼得·德鲁克

清楚地阐明你的需求和得到互相尊重的期望。如果他们威胁你和欺负你的员工，那么最好继续寻找其他客户。

**尊重的回报**

设置一个清晰的标准，严格而公正地执行。人们将理解你的运作方式，你对于他人的期待，并尊重你的公正。

尊重将得到与客户建立长期合作以及团队内部低员工流动率的回报。这是尊重所赢得的两种最有可能的回报。二者相结合是建立长期商业投资的基石。

# ⑱
# 韧性
# Be Resilient

## 跌倒而非出局

生意艰难。你不会永远做出正确的决定，也不会赢得每一次谈判。市场瞬息万变，你会受到打击，有时甚至被彻底击垮。

问题是你会被踢出局吗？那些在困境中站起来并重新回到战场的人是那些具有韧性力量的。他们将最终生存下来并迅速成长。

## 不惧失败

如果你想充实地生活、成功地经营生意，那么你必须经历失败。不要害怕失败，不要成为恐惧的奴隶。它让你停止尝试和拓展。如果没有这两点，你将逐渐且最终被淘汰。

## 冷静与理智

克制恐惧的最佳途径是了解你的努力可能会涉及的风险，以及如何将其降至最低。当遇到突发事件，保持冷静。恐慌是可怕的，它会

"Getting it wrong is part
of getting it right."

— UNKNOWN

《犯错是通向最终正确的必经之路。》

——佚名

"A leader is interested in finding the best way—not in having his own way."

— JOHN WOODEN

"领导者最感兴趣的是寻求最好的方式，而不是自己的方式。"

——约翰·伍登

影响你的思维，并阻碍你运用解决问题的能力去寻求解决方案。

有很多种方法来培养理智与冷静的技能。从专注正面情绪、摒除负面情绪，到深呼吸、数 25 个数，再到练习瑜伽和冥想，找到一个适合你的并每天不断练习，它最终会成为你对待困境的默认情绪反应。

危机中幸存下来的总是冷静且头脑清醒的人。

## 向前看

失败的时候，要从教训中学习，然后继续前行。太多的人无法从过去走出，从而耗尽了发展和寻求新机遇的能量。

秘诀是集中精力向前看。

## 接受·适应·进步

所谓韧性的根本是接受、适应和进步。

·接受失败或犯错。不要花时间寻找借口或在已经错失的机会中徘徊。当你接受失败后也可以尝试理解失败：当你失去一个机会，问问谁得到了它和下次你能够表现得有何不同。当你失去一个员工，问问下次怎样做得更好才能为公司留住人才。当市场发生变化时，与同行多交流，看看有什么新的可能。

·接受新环境。仔细看看身边环境，评估你的能力、资源和定位，专注寻找新的合适的职位和可行的解决方案。你可能要做出很多实际的改变才能够成长。这可能意味着裁减员工和缩减预算，也可能是承接较小的或不太有趣的项目。最终，那些保持冷静且在风暴中仍旧可以创造价值的人将会成为在顺境中最强大的人。

· 困境中前行。艰难的时刻往往是前进最有利的窗口。当其他人都惊慌失措、忙于空想时，你可以抓紧时间获得新的客户、拓展新的业务范围和引进新的优秀人才。

客户通常会与你一起经历这些萧条时期，继续以任何力所能及的方式专注为其服务，他们会记住在艰难困境中帮助过自己的、同自己一起等待繁荣时期来临的企业和人。

所以无论顺境抑或逆境，都要塑造坚韧的企业文化。

# ⑲
# 接班人计划
# Succession Planning

**时间的考验**

大多数专业化服务公司的成功与衰落都取决于创始人。有一些可以维持到第二代，只有很少几家能够繁荣至三代甚至以后。

其中一个重要原因是领导团队没有采用接班人计划。

接班人计划涵盖以下几个方面

·最大的障碍是自我。大部分创始人和领导者在自己的职业生涯

# Life will still exist outside of work.

工作结束了，生活还在继续。

中努力前行，而一想到不得不放弃，或看到自己快要退休，就会引发强烈的情绪反应。

领导们告诉自己，他们能够付出得更多，他们是唯一知道什么是对公司最好的。是时候抛弃自我，想想什么才能让公司长期地有效运营。

· 第二个障碍是对未知的恐惧。创始人和领导者将太多的时间花在尽全力塑造未来和管理公司风险，他们很难想象当他们退休的时候要做什么。

这些年来，我听过创始人和领导者退休时告诉我："结束了。"我问他们什么意思，他们说："生活。"我告诉他们，这不是真的。工作以外的生活非常丰富。

这里的关键是确保创始人和领导者的生活有其他有意义的重要活动，其中包括家庭、社交活动以及兴趣爱好。当工作结束，这一切揭示了美好的未来。

· 最后，第三个障碍，我发现公司破产是由于未能尽早采用接班人计划。他们往往拖到最后一刻，而这每次都会摧毁一个公司。

**计划越早越好**

然而当涉及到接班人计划，大多数技术专家都有一种等待和抵触方式。关键是要尽早开始这个过程。

拖延是企业杀手。通过尽早启动接班人计划的程序，你给了自己和公司一个最大的机会，以实现成功地代代相传。

**人才转型**

成功过渡的第一要素是找到这个职位的合适人选。我鼓励你在公司内部提拔。

而且，如果你想外部招聘，要尽快，那样你可以把他们招入公司，帮助他们融入企业文化。

一旦你已经确定候选人，观察他们在不同的条件下是怎样工作的，这包括委任他们艰难的任务。你需要了解他们在顺境和逆境中如何领导和对待员工。

一切需要时间，这就是提早计划的重要性。当交接的时机成熟，你会有一个经过反复考验的领导候选团队来迎接挑战。


**客户转换**

在专业化服务市场，很多与公司的合作关系是由于某个人而建立的。许多公司对一个人就像对一个品牌一样忠诚。

因为成为一个值得信赖的顾问需要很长时间，尤其是在创始人与领导的层面。

这就是为什么公司的每一个层级都要与企业品牌建立牢固关系，并为客户创办一个可信赖的顾问团，这一点很重要。

当过渡时期来临，你的客户已经同其他顾问建立了一些信任。而且，当你交接的时候，你可以退居幕后，给接下来的继任人更大的机会加深与客户的联系。

这样也能更好地服务客户，有助于企业持续增长，而且作为关心客户未来成功的人，得体地维护了领导的声誉。

**没有支持退休的财务规划**

很多人没有为退休打算，他们假想自己会永远工作下去。他们没有存款，其公司也没有买下所有股权的资金。这两点都需要解决。我建议留出利润共享或退休计划（401k）的资金，这样财富可以在退休前积累起来。

关于收购，我推荐员工持股计划。把公司卖给其他企业会毁掉你所创立的一切。如果你关心自己的员工，并希望保障他们的未来，把公司卖掉不是最好的方式。

带着债务和还款计划从公司离开，收回所有权，并没有很好。所以提早计划，你将有一个成功的领导团队和所有制过渡。

**悄然过渡**

很多公司在领导团队过渡期大肆宣传。实际上，我鼓励安静过渡。当你打出一个大广告，你会给新的领导团队增加各种不必要的压力，所有外部和内部的眼光都盯着接下来会发生什么。

往往挑战在于过渡本身需要时间。管理公司的一部分到运营整个公司往往伴随着成长的痛苦。安静的过渡会为新的领导层稳定下来并投入工作铺设一条跑道。

安静的过渡同样有利于客户。变化让每个人都很紧张，客户会问自己能否得到相同质量的咨询服务，或同等级的客户服务。

通过悄然过渡，你采取一个更加私人化的方式让客户意识到这些变化，并让他们提前看到工作中正在发生的积极变化。

最终，你给新的领导层一个机会成为公司的客户和员工都期待的值得信赖的顾问。

# 尽早开始

就我而言，我在公司成立初期就开始计划领导层过渡。我总觉得我不能要求一个人把自己的职业生涯奉献给一个对未来领导层没有长远规划的公司，这似乎不公平。我还担心怎样才能得到我对公司所有权的公平回报。我不相信公司会负债来买我的股权或长此以往地付给我钱。

我尤为相信，当我不在的时候，长期的薪酬会让在任的领导层担心如何向我支付必要的报酬，而不是关注手头的业务。

我不希望受制于变化无常的经济。这就是公司领导们决定执行员工持股计划的原因，当我们离开时，这个计划能够以公平的市场价买我们的股份。

我还认识到，从一个领导团队过渡到下一个需要无缝衔接。以我们公司为例，我是最初的所有者，然后，我的所有权加上其他三个小而重要的所有权，就组成了一个联合体。

一路以来我们都授予了公司负责人股权。他们所有的人都发展成了领导，一个是副董事长，一个是董事长。我曾担任过总裁、CEO 和董事长。渐渐地，我交接了总裁职位，然后是 CEO，后来我仅是董事长。

在接下来几年的时间里，他们三个人也退休了，下一个六人团队被选为执行委员会，开始了新一轮的接班人计划。五六年后，他们逐渐接管了整个公司，三个人成为执行董事，所有的六个人都是执行委员。在这整个期间，我们还设立了管理委员会，成员轮流就运营问题提出意见。

我最终完全退出，现在是一名没有领导责任的兼职员工。我的股份由员工持股计划购买。

我也曾是一些非盈利组织的积极的理事会成员,现在是三个非常活跃的理事会的执行委员,这让我保持忙碌且同样受益。

我有信心,这种方式能让公司建立起一个过渡过程,使公司在未来持续发展。

这使领导团队依据其努力得到公平酬劳。缓慢的过渡过程允许领导团队经历经济繁荣和萧条期,并发展其处理这两种境遇的能力。

# 人才
# Talent

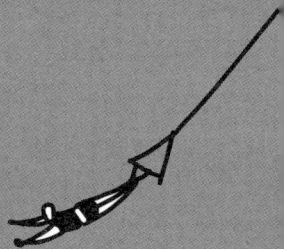

# ⑳
# 择优聘请
# Hire the Best

**人才招聘的力量**

作为企业的老板或领导者，聘请合适的员工是必备的主要技能之一。于合适的时机在合适的岗位上雇佣合适的人才，造就了企业茁壮成长的能力。

专业人士寻求事业而非工作。所以你必须创造一个让员工成长以及提高其技能的环境。

人才至关重要，在人力招募方面要从学生做起，制定一种招聘战略，成为吸引人才的磁石。

挑战在于人们常常在错误的时机，以错误的理由聘请了不适当的人。当这种事情发生时，等待你的将是灾难。

**做到最好**

你必须聘请能力范围内最优秀的人才。你要问自己最优秀的定义是什么，这一切都是为了找到称职的技术专家吗？还是寻求那些积累

"Hire the best athletes.
A willingness to take
chances. An ability to
generate original ideas.
An active curiosity."

— TOM LANDRY

《聘请最优秀的运动员，
勇于迎接挑战，
有创造力，
以及强烈的好奇心。》

——汤姆·兰德里

了大量相关经验的人士？

要判断答案是肯定或否定。没错，你要聘用技术人才。是的，他们有优秀的业绩这很让人满意。但这等同于最好吗？不是。

还有很多方面超乎于技术专长。

一旦人才开始工作，确保你有促使其追求卓越与机会的项目和机遇。你还必须为公司的成功而提供合理的薪酬和福利计划，这样才能使每个人齐心协力，从而创建一个世界级企业。

## 更进一步

当大多数人误以为选拔技术才能是最关键的属性时，我认为有其他两个考量最优秀人才的因素，分别是性格和团队合作能力。

招聘时不要只想这个人能否胜任所应聘岗位的工作，还要考虑其与公司是否能共同成长。如果员工只专注于眼前，他们更易做出不道德的行为。如果他们关注的是认知自我和规划未来，他们将表现得更合乎道德规范。

## 性格特质

性格是一个人的根本，它是人们做出决定以及如何对待他人的驱动力。一个人的性格能够增强或毒害公司的企业文化，这就是在招聘过程中为什么要挖掘应聘者性格的重要原因。

当你评估一个人的性格后，发现他具备了五种特质，你才能给他合作的机会。

首先是内驱力。我们想聘请对自身职业充满热情的人,他们应该每天兴奋地醒来,立即投入工作,并起到重要作用。而不是那些只想打卡上下班,不愿工作,且只为得到一份薪水的人。

其次是自信。自信能够开拓生命的视野。它能激发好奇心从而导致更多的可能。缺乏自信的人通常视野狭窄,他们被恐惧困住,因而很难去探索与应对变化。

虽然激情和自信很重要,但必须与规则相结合。你经营一家企业,必须确保员工关注和保证他们对客户的承诺。

第四个特质毋庸置疑的是,你必须聘请是非明辨的员工。杰克·韦尔奇的座右铭是不要做任何你不愿意刊登在报纸头版上的事情。信任很难建立,却又会被不良行为轻易摧毁。所以聘请是非明辨的人才会令你的公司更强大。

最后,寻找那些表明影响世界对他们有意义的人十分重要,这一点同时适用于工作和生活。询问他们关心哪些慈善或仁爱机构的问题,他们是否自愿或热衷于这些问题,并积极尝试解决问题。


**团队精神**

大部分专业化服务型公司规模都很小,因为它们不知道如何组建有效的团队。

寻找有参与运动队、音乐团或慈善组织经验的人才,招聘时让他们描述自己的团队经验，观察他们能否认同其他人的贡献还是只以自我为中心，寻找那些乐于融入团队而不是被其困住的人才。

这方面的底线是即使你运营一家只有一个服务提供者和一个客户的微型公司，也要留意团队动向。当你考虑建立一家有规模的公司时，避免"我而非我们"困扰思维方式的唯一方法，即确保公司拥有把团队合作作为默认共识的人才团队。

# ㉑
# 吸引并留住人才
# Attract
# and Keep Talent

**聘请比你聪明的人**

如果你想成为一位创业者，那么你必须同他人合作。如果你想使企业达到一定规模，你则需要大量的人才。

当你试图在恰当的时间为一个适当的职位寻找合适人选的时候，你应该反复问自己一个问题——他比我聪明吗？

你必须放下自负，通过问一些主要问题推断出他们是否比你聪明。当你身边围绕着更聪明的人，那样就有了最好的机会为客户持续创造价值。他们或许在其他方面比你聪明，并为公司带来专业知识。他们能够在你不擅长的领域为公司补充人才。

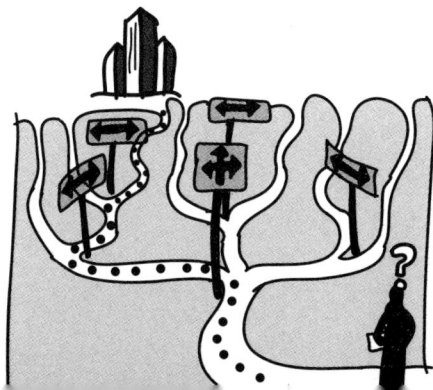

**责任与权力**

真正有智慧的人知道如何运用他们的才能，这些人不惧怕承担责任，也期望尽可能施展才华。这对于他们来说很有吸引力，也给了他们成长的机会。你应尽一切可能让他们为客户服务并使其以最好的方式展示你的公司。

开启人才潜能的关键是保证授予他们达到成功所需的权利。权利有助于他们获得对公司有益的资源和做出推动公司发展的决定。有些人对授予他人权利有所犹豫，针对这些人，我建议先分级别许可权利。当所聘请的人才做出明智的决策时，再给予更高一级的权利。关键是你应一直授予他们与其所承担的责任相匹配的权利来完成工作。

**信守承诺**

寻找人才是一回事，而留住人才是另一回事。信守承诺是留住人才的唯一方法。

人才需要了解在公司成长壮大的过程中，公司将会提供什么来使他们展示才能、与公司共同成长并获得成功。因此你有义务令其理解你能为他们做什么。

你需要直言不讳，并遵守你的承诺，这样才能使你的话被真正理解，这是让真正的精英扎根和发展的唯一途径。精英绝对是持续的吸引精英的最好方法。我从中收益 50 年。

## ㉒

# 投资你的员工
# Invest in Your People

当一位优秀的运动员成功跃过高杠时，一名优秀的教练员会做什么呢？当然首先是庆祝这次飞跃，然后抬高标杆。专注于强项而非劣势。教练只在队员赢得比赛的时候才被人关注，而不是失败的时候。要设想获胜的情景。

**团队即事业**

在专业化服务领域，人才即事业。作为老板或领导你有责任确保你的公司正在不断投资人才。

**即刻开始培训**

如果你刚刚开始创业，可能会觉得投资员工很奢侈，那么你错了，这是必要的。

从个体户到大型公司，投资员工都应该是最先考虑的事情。

即使在我刚刚开始创业，资金还很紧张的时候，我找到了一些通过与专家合作而壮大公司的方法。我请过最好的律师丹尼斯·莱斯（Dennis Rice），也和最顶级的工程顾问保持着合作关系，还请过格伦·斯特拉斯伯格（Glen Strasberg）教授培训我们业务技能。如今的好消息是，当下有很多免费的在线资源，所以从公司成立的第一天起，你就没有理由逃避投资你的团队。

**人人参与**

当你创建公司时，要确保自我提升的热情是企业文化的一部分，以此为基础，激励每一个人成为其他人的老师。

资深人才可以担当起导师的角色，当他们带领年轻的人才时，能够接触新技术和新趋势，从另一个角度成为年轻人的学生。

**从球队学习经验**

当我们考虑投资员工的时候，往往像一位体育教练在训练他的团队。最佳战绩的教练通常为队员制定令人惊讶的简单的工作机制。

在他们看来，每一项运动都有一个核心计划，而这个计划能作为比赛时取得优异成绩的基石。

他们知道应不断地、稳定地投资每一位成员，使这个基石稳固，团队才能获得一季又一季的胜利。

## 核心专业化服务机制

有三种投资人才培养的核心方法，可适用于所有的专业化服务型企业。

首先是交叉培训：尽管你希望你的人才在某一领域有很深的造诣，但深入了解公司其他团队的工作同等重要。通过在学习活动中鼓励不同部门的合作有两大益处。第一是公司及其员工都能变得更有韧性。市场环境起起落落，发生频率也越来越快，而交叉训练能够帮助你驾驭这一现实。一旦旧的机会不复存在，交叉训练越好，就越有可能在新的机遇面前随机应变。其次是员工能够更团结合作。交叉训练在公司内部创造了不同部门间有意义的经历，这有助于人才摆脱孤岛思维，使他们建立信任。合作的结果永远是好的，那些相互信任、对彼此能力更为了解的人，更有可能发现潜在商机，并有推荐的动力。

其次是投资员工的实践经验：没有什么手段能比在现实中学习更好。随着时间的推移，我学到了关于让新进人才和新提拔的经理加入到客户推荐与会议中的力量。尽管他们在会议中是沉默的观察者，但这赋予他们在执行中成为先锋团队，同时也向潜在的和现有的客户表明我们在投资员工。我会介绍会议室一角坐着的那个人，并陈述其杰出的能力与潜力。这有助于在客户中建立信任和正能量，因为这表明我们关怀员工且向客户展示公司的招聘条件。

最后，获得有意义的再教育学分（在大部分专业化服务领域都需要）：大部分时候，获得这些学分是一项苦差事，这些课程无聊且浪费你的时间。我建议将其转化，让公司与一家认证机构合作，这样既能够授予员工再教育分数，又能使课程有趣并且和公司人才的日常工作相关。你可以请公司资深人才制定这些计划，如果你刚刚开始创业且资源有限，那么一定要把精力集中在优质的再教育机会上。

**保障员工每天上班获益更多**

寻找、招聘和留住人才很不容易，创立专业的建筑服务型公司最可怕的事情是你最重要的资产每天晚上都要回家。

如果你希望留住人才并使他们每天早晨高高兴兴的回到公司，你必须保证投资他们，这将是作为企业老板或团队领导所做过最好的投资之一。

**晋思例证**

# 再教育

在公司成立的第三年，我意识到我对建筑行业的商业部分知之甚少，我决定报名参加加州大学拓展计划的夜校再教育课程。

上了几周课后，我觉得我需要学习那些正在被讨论的法则，而我的团队同样需要听课和学习。所以我聘请教授在下班后来公司上课。他给我们布置作业，然后我们每周在办公室一起复习并得到进一步指导。他最终成为我们行业的重要顾问，我们团队也学到了领导和运营一家专业化服务公司的法则。

# (23)

# 赢得头衔
# Earn the Title

**精简和单层管理化企业**

我鼓励你们以精英制度为基础，建立一家精简且单层管理化的公司。单层管理化企业意味着权力层级少，这能够使公司从混乱的无意义的层级和头衔中解放出来。

单层管理的公司专注于企业的作为和效益，而非内部晋升。客户需要合适的人选提供服务，并不会在意他的头衔。

这反而意味着每一个职位都很重要。精简化公司的所有员工都知道他们必须持续业绩才能赢得晋升。

### 内部规则

头衔只有在你尊敬他们的企业领导力时才有意义。这意味着公司聘请的每一个人都必须遵守指导公司文化的内部规则，他们需要了解什么能够帮助到这个大家庭，并使自身价值得以彰显。

### 不设立外部招聘的领导职位

我提倡在外部招聘来的员工在公司的第一年不授予他们以领导头衔，这一点适用于从入门岗位到高级管理层等各层级。这通常让员工很难接受，但我们仍要在其的抱怨中坚持。有时候，他们在之前的公司是资深合伙人，不愿意接受自认为的降级。

我们的立场是他们至少需要一年的时间才能真正了解我们家庭式的企业文化、工作模式和所服务的客户。如果他们没准备好接受这个职位，那么他们或许不是公司想要招聘的合适人选，但那些接受我们立场的人最终会赞赏这种做法并接纳它。

这种方式有助于被聘用者融入你的企业文化。他们以业绩和团队合作赢得同事的尊敬，而不是通过以往的工作经历带来权威。

Titles

不设立头衔

那些自愿接受这种做法的受聘者同时也表明他们将致力于成为公司品牌的支持者，而不仅仅以之作为自己的职业。

一旦跨过这一年，就可以授予他们合适的职位或恰当的头衔，并将其作为必需的且根植于团队的共识。这会在很大程度上保持强有力的企业文化，有助于公司持续增长。

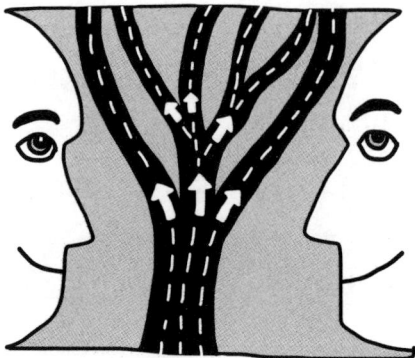

(24)

# 引导人才
# Guide Your Talent

**凡此种种**

　　服务型公司属于人才管理行业。这意味着它们必须找到平衡三种紧张关系的方法。

　　长远和短期目标：要把控的第一个挑战是长远与短期思维模式间的平衡。你一定希望你的人才将两者综合并运用到日常决策中。长远目标使你在行业中处于领先地位，这是如何留住老客户和赢得新客户的方法。它意味着革新、发展新领域以及获取新技能。其挑战在于长远的思维方式能够建立成功商业，但它并不会一直高效运转。而短期目标能保障公司人才的工作效率，它意味着按时完成预算和工作要求范围内的事情。

我认为实现这一目标的最佳途径是财务资讯共享管理。这有助于你的团队理解战略远景并确保他们通过相关信息不断地更新了解公司财务状况。我们重视这些衡量标准，所以我们尝试为经理和领导者提供详细报告。我们衡量公司所有的专业人员、集资、项目预算以及其他方面的产值。

我们与我：第二个最大的挑战是平衡个人抱负与公司目标。你必须决定想要建立一个军事化管理企业还是家庭式公司。

就我们而言，坚决拥护家庭式企业文化。它有持久的力量和根深蒂固的基础。家庭式企业文化尊重个体和团队，承诺互相帮助。你们在顺境中一起欢庆，在逆境里共同寻求前进的道路。无论你选择何种模式，你的任务是保持个人与公司目标一致，使两者共同茁壮成长。

参与和刷新：无论你的公司规模如何，你必须确保其人才有足够时间刷新自我。今天有很多关于避免耗尽精力的讨论，我不喜欢"耗尽精力"这个词，它让工作听起来像是一件坏事，好的工作有助于给人们的生活带来目标和意义。我更喜欢不断刷新自己的人。

这将对话从"我怎样减轻日常工作量"转移至"我怎样充分利用恢复活力的时间"。恢复活力远超乎休息和忽略工作，它关系到保持良好健康状况、学习新鲜事物和认识新朋友。

如果你确实恢复了活力，这是一个重新审视自己工作的机会，它让你看清楚，你可能会想到新方法帮助你的客户或提出改善其业务的建议。

如果你真的是一家好公司，你一定在鼓励员工焕发自身活力，这是让人才长期持续发挥作用的唯一途径。而且我坚信对于人才的表现不要作短期、武断的判断。

"A person might make mistakes, but he or she isn't a failure until he or she starts blaming someone else."

— JOHN WOODEN

《一个人可能会犯错，
但只有在他开始抱怨别人时，
才成为不折不扣的失败者。》

——约翰·伍登

**晋思例证**

# 恢复与更新

我用了好几种方法恢复活力。我发现随着年纪增长，我尤其需要休息。我和妻子环游世界，我们曾与旧金山商会和友好访问团游历了欧洲、非洲和亚洲的大部分城市。我们还和商会到华盛顿特区在白宫与总统以及政府代表会面。

同这些最有趣、最有影响力的人一起旅行，对我来说，所有旅程都是个人的成长和学习的经验。我们同旧金山艺术博物馆游览了欧洲和亚洲的很多城市，同样通过认识不同国家的人而了解他们的兴趣以及爱好。

当然这不像偶尔的海滩度假，还有很多工作。但这些经历丰富了我的人生，让我更有自信。

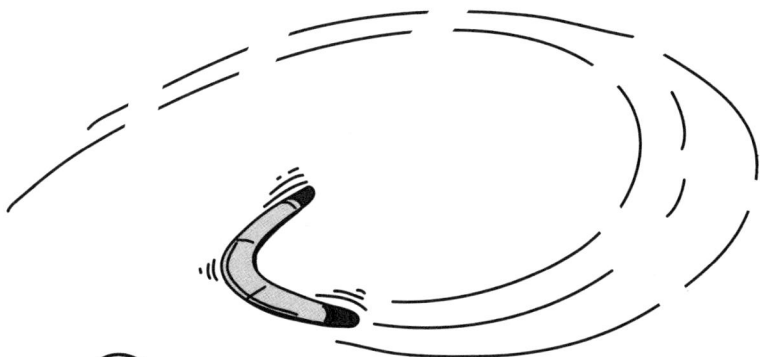

# ㉕
# 回归
# Boomerang

**保有家庭式企业文化**

专业化服务型公司总是致力于招聘优质人才。这需要时间、精力和资金来寻找、培养并使其进入工作状态。

同时，经过更长的时间、拥有共同的经历和承诺才能让他们成为公司大家庭的一员。

成为一个家庭意味着他们理解你的商业操作模式并能够掌握公司企业文化的准则。随着经验增长，他们最终成为真正的家庭成员。

他们把公司放在第一位，帮助其他家庭成员，并尽最大努力始终如一地为客户创造价值。

当这一切如愿，结果会非常棒，你希望他们留下且尽可能长时间的成为家庭的一员，和你共同开创事业。然而，对他们来说挑战在于外面的世界变化纷扰、诱惑良多。

## 发生变化

或许你的员工在一个你没有分公司的城市得到了机会，可能你的团队成员接受了一个无法拒绝的工作邀请，这对于他们来说也许意味着新的可能，可能是他们想要重回学校读书、探索社会创业抑或旅行。只要事情发生了变化，你的人才就有可能离开公司。

## 回归

当另一个城市的机会没有成功时，会发生什么？如果那家新公司没有兑现对你的前员工的优厚条件，该怎么办？如果他们提前结束了旅行假期，又应如何？生活中这样的事情也比比皆是。

对于大多数专业化管理型公司，员工离职后就不会回来，这种情况的发生是由于他们觉得之前公司已经没有了自己的职位。他们可能会因为在其他地方没有成功地发展而尴尬，或者因旅行时间过长而担忧。

尽管人才离开后不再回来的部分原因是因为他们自己，但另一部分原因则在于公司。

# Talent may leave...

人才可能离开 ……

# ...but talent may also return.

……但人才也会回归。

**欢迎回家**

在你的公司中，如果有些才能卓越的创造价值的员工希望尝试新的事物，你应该让他们知道，你将欢迎他们回家，但要选择你欢迎回来的人。

我们称这些我们欢迎回家的人为"回归者"。

晋思有平均5%的"回归者"。其好处是他们已经了解公司文化，知道客户期待什么水准的服务，而且他们懂得你的运营模式，能够立刻参与到产值创造中。

**晋思例证**

# 愉悦的礼物

实际上为了帮助消除这段旅程带来的烙印和恐惧，我们实实在在地欢迎员工回家，而且让他们知道公司很高兴他们回来，并以之为乐。

关键是确保公司大门为优秀人才敞开，并欢迎他们旅途归来。

## (26) 何时裁员
# When to
# Let Go

**学会裁员**

作为领导最艰难的经历之一是学会如何裁员。好的领导喜欢招聘人才，看他们创建业绩并奖励其结果，没有人喜欢开除人或裁减员工。

我们都会遇到自我膨胀、一味责怪他人或对一切事情都小题大做的人。即使他们才华横溢，也会对你的员工产生难以置信的负面影响。

如果让他们继续这样做，你就不能指望团队里的其他成员尊重你或你的公司。

其挑战在于我们生活在一个变化如此之快的世界，今天所需的热门技能也许就会因明天客户的需要而消逝。

关键是注意什么时候发生了变化，并尽快替公司做好准备，这意味着你必须因为自己或他人的原因让某些人才离开。

**市场的飞跃**

市场是动态的。即使最单一的行业也一直在经历变化。有时候市场甚至会出现一次飞跃。

这可能是外部市场的需求，甚至可能是内部市场。

有时你会面临国内或国际重大经济衰退和萧条。

尽管我们希望有一个不裁员的政策，但这对公司的健康发展和留下来却没有工作可做的人不公平。你要尽最大努力分配他们其他的工作，但如果不奏效，就面对现实，率领公司走出困境。

作为领导者，你的工作是了解这一点并着手调整公司定位，使其在前进中取得成功。这意味着要深入了解员工，知道谁为市场的飞跃做好准备，而谁将要离开。

**转换技能设置**

随着市场变化，其繁荣发展所需的技能也会发生转变。

一些人会调整、适应并有能力服务新兴客户。其他人则抵制或拒绝新的现实，且不能更新其技能，这些人你就必须裁掉。

更难的是裁掉那些真正希望参与新型市场的人才。他们表现得积极、有决心和努力适应，但由于某种原因，他们不能够转化技能以适应新的现实。

事实上，你的人才所追求的目标在你的公司或行业无法得以实现，作为领导，你必须让他们走，那样他们才不会毒害你的企业文化并在其他领域或公司得到满足感和成功。如果你不采取行动的话，那么年轻的人才就会离开，到不会阻碍其发展的地方。

你有责任当他们有成功的机会时，让他们离开。

**是时候做点儿别的工作了**

有时候，你的员工会停滞不前或墨守成规，如果你尊重这个人且他对你的客户有帮助，那么尽可能替他找到新的任务，参与开拓新的市场或给予他们掌握新技能的机会。

其挑战在于有时候员工在你的公司很容易位居高层，最后这些人将习惯性地抱怨对同事的不满，他们于公司的道德标准来说很危险，负面情绪是会传染的。

**需要新的挑战**

我们很多优秀员工在其当前业务中有失败的经验。公司把他们安排到其他岗位使其表现出色，所以应当尝试解决他们现有困境，并为其提供全新的工作。在这些案例中的许多人，在我们公司任职多年并有极大贡献。

# (27)
# 帮助人才规划未来
# Help Your Talent Plan for the Future

**发现下一阶段**

人口老龄化的浪潮已经达到顶峰。这意味着领导者正在关注劳动力市场的重大变化。一波又一波的人才将从企业退休。

你的员工问自己退休意味着什么？我们现在人口的平均年龄不断增长，这也为员工探索专业和个人兴趣开辟了完整的人生第三个重要阶段。

如果你想创建一家杰出的企业，你会帮助人才重新思考退休的定义，帮助他们发现开创辉煌的人生第三篇章的潜能。

**前进**

我们的社会还没有赶上人口平均年龄增长的事实。尽管生命延长是一件好事，但生活得有意义且全情投入很重要。无所事事和整天打高尔夫球的观念已经落伍，你希望人才向一个新的充满可能性的世界前进。

其中包括非盈利性活动、指导新晋创业公司或开始自己的小生意。

**提前谋划**

通常人们直到真正退休的那一天才会考虑这个问题，这会让他们完全迷失方向、无聊和延缓发展进程。

如果公司有优质人才，你希望他们生活得充实，而他们可能花很长时间环游世界和尽可能多享受几轮高尔夫球。但大部分人在正式退休后不久就会清醒过来，问自己的下一步是什么。

你应该鼓励他们围绕这个话题进行内部讨论，我建议越早越好。

它同样适用于你们自己。当你离开的时候，确保公司有合适的人才领导下一代，这是你最重要的工作之一。

在他们退休的前一年开始谈话，创建探索退休后生活的研讨会和学习机会。这有助于你的人才拥抱人生的下一篇章，他们将对接下来的事情感到兴奋，这也会转化为公司内部的正能量，鼓舞员工士气。

**保持联系**

或许你的人才已经退休，但你应该鼓励他们保持联系，可以通过时事通讯和公司退休人士俱乐部活动正式进行，也可以在私人生活中保有非正式联络，关键是保持联系。

"What a group does
with its billable time
determines its income
for the year.

"What it does with its
nonbillable time
determines its future."

— DAVID MAISTER
*Managing the Professional Service Firm*

《一支团队在计时工资的工作时间的作为
决定了他们一整年的收益，而在他们非计时
工作时间的作为决定着团队的未来。》

——大卫·梅斯特
《管理专业服务型公司》

退休人士俱乐部能够成为杰出的品牌代言，他们帮助你招募新人、指导员工和开通渠道让现任员工进入其所在的慈善机构做志愿者，他们还和之前的客户保持联系。

这创造了一个引进、梳理和留住人才的良性循环。

# 日常工作
# Daily Work Life

㉘
好奇
**Curiosity**

**永远保有好奇**

很多事务所在招聘的时候注重设计师的智力，但我认为好奇心同等重要。

智力反映了一个人解决问题的效率和专业知识储备量，这两点是专业化服务的技术能力的评估标准。而好奇心则印证了一个人对学习新事物的渴望程度以及兴趣范围的广度。好奇心越强,其探索的领域就越宽广。探索领域越广,就越有可能找到创新的解决问题的方法,且越擅长应用交叉学科知识解决问题。

**拒绝过滤**

我们每天习惯于用特定的过滤条件来解决具体问题。当你完成一天的工作,不妨试试培养好奇心。同时我还鼓励大家不要受过滤条件的约束。

如果你从事与法律相关的工作,那么读一些建筑方面的书籍。如果你热衷设计,就读读教育学。去听听讲座,拓展你对世界的认知。有空就多和不同职业的人聊聊天。你会成为一个更有趣且专业能力更强的人,因为你能够从他们那里学到以更多元化的视角看待自身的专业领域。

**五五开**

就个人而言,我已经养成了晚上阅读的习惯,其中大概有一半是我的专业书籍,而另一半满足了我全部的学习兴趣。

同时我也在和所有的客户交谈中学习。50 年来,我始终走在行业兴衰的前沿。当全新的行业兴起时,我的一些客户便会进行自我更新。

如果你拥有真诚的好奇心并愿意做一个好的聆听者,你将永远在专业化服务中保有优势。

**意外发现**

当我看到有些人读书是为了获取特定信息时，我常常不知道自己阅读是为了什么。当我不再受过滤条件所限，好奇心慢慢滋长，便有了意外发现，它可能是一则广告、书中的一个章节、一次 TED 演讲、一篇论文或者仅仅是一张图片。

年复一年，这些发现构成了一幅更加完整的世界知识地图。这个地图越丰富，你就越有能力把公司定位成潜在和现有客户的问题解决者。

**分享**

延展你的好奇心，选择深刻的观点分享。有选择性地、主动地分享观点，你将成为员工、合作伙伴以及客户们的首选。

即便你出现错误，他们会取其精华，并将之与你分享。这也会激发每一个人在各自的工作岗位上做得更好、更成功。

**更智能的部门**

记住，所有的船都在涨潮中升起。我认为分享观点很重要，它能促使你的部门更智能，让每一位成员在工作中表现得更好。

有些人提出这样会影响竞争力。所以问题的关键是分享你的见解，并结合他人意见不断改进，使之更新、更好。

特斯拉最近的举动就是一个很好的案例。它希望每个人都生产出

"Leaders are people with a very poorly developed sense of fear and no real comprehension of the odds against them. They are people who make the impossible happen."

— ROBERT JARVIK
Inventor of the artificial heart

《领导者是一群恐惧感很弱的人，对自己面临的困难毫不担心。他们会让不可能成为可能。》

——罗伯特·贾维斯 人工心脏的发明者

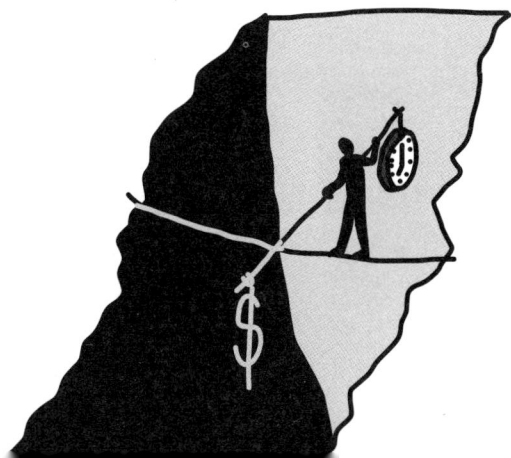

更好、更聪明和更环保的汽车。特斯拉宣称公开专利资源，可以肯定的是伊隆·马斯克（Elon Musk）并不是没事找事等待他的竞争对手将其超越，而是他已经准备好进入新一轮的革新，分享会让这个行业越来越好。

# (29) 下午六点，回家！
# It's 6:00 p.m.
# Go Home!

**享受生活！**

下午六点了，回家！我是说真的。

你如何安排私人时间最终决定了你的生活态度。

人们往往把工作至深夜看作敬业的标志和获得成功必须付出的一部分。而我认为恰恰相反，持续加班会让你走向一条危险的道路。

**耗尽精力·无趣·落后**

我觉得因工作而耗尽精力并不好。如果你的工作方法得当，不会发生这种情况。

你的目标是首先了解完成这项工作需要什么，为此精心制定计划，然后认真地谋划、智慧圆满地完成。单纯的加班不是正确的方法，如果你持续如此，将耗尽精力，你需要抽出时间恢复活力。

另一个危险是你会变得无趣。你需要在休息时间开展激发热情的活动，对于热情的追求能让你对生活和人保有兴趣。

如果你一直在晚上和节假日加班，你将有落后于行业的危险。通过探索周边世界，你会发现新的趋势、激发新的创想并且有精神空间去驾驭新的可能。

**六点以后，多元生活**

让生活丰富多彩并结识工作以外的朋友。如果你整天在同一领域工作，之后和同事一起出去聚会，很有可能变得保守且迂腐。

同样的道理适用于如何充实思想以及业余生活。做探险家，和你的朋友、家人、同事分享你的发现。这样做，你会创造讨论新想法、在一起寻找新项目和发现新趋势的空间。

探险的好处是让你成为一个更丰富、更健康的人，还会给你的日常工作带来新的想法、能量和可能性。如果不让自己休息，你对客户、项目、人际关系和健康做出积极贡献的能力就会迅速减弱。

**延长下班时间**

是的，当你的客户项目周期短或有特殊需求的时候，你要加几次班。你必须灵活地延长下班时间，关键是避免这成为你的标准操作程序。

你需要学会平衡，不能因事业而疏忽家庭，家庭和朋友是最有力量且最不会枯竭的幸福之泉。

**晋思例证**

# 尽可能抽空休息

刚开始创业的时候，我只有一辆车，所以我每天坐半个小时的蒂伯龙轮渡去旧金山上班。早晨，我有条不紊地喝一杯咖啡、看看报纸。晚上，所有的客户和员工都知道我必须要离开公司，去赶五点半的轮渡回家。

工作间隙休息一下，看看朋友，见见潜在客户，是再好不过的了。一回到家，妻子带着三个儿子去接我，然后一起吃晚饭。当我们俩终于哄孩子们睡着时，我常常带着狗开车回到城里，为那一天遇到的商业租户规划平面。事实上，我适当停顿、利用乘轮渡的时间休息使得我有可能持续这种紧张的工作并生存下去。

## ㉚
# 会讲故事
# Storytelling

**你是讲故事的人**

　　故事很有力量，它能够建立起理解、信任和激励我们着手行动。事实上，每个人不是生下来就会讲故事，如果你想要创业或担任领导职位，那么一定要让自己和团队努力成为会讲故事的人。

**发展伟大的故事**

　　向世界传递信息是一回事，而将其做好是另一回事。我经常看到聪明的人用含混不清的行业术语来应对潜在客户。

对潜在客户说一些技术词汇并不能让你看起来聪明。这会使你显得狂妄，也让客户晕头转向。

有效的故事讲述方法是站在听众的角度与其沟通，这意味着你需要做功课，了解你的谈话对象以及他们看待世界的方式。

如果你理解其观点，更有可能展开一段有意义的谈话，你可以洞察他们的问题，并分享你将如何通过帮助他们解决问题而创造价值。

**分享你的故事**

问问你的客户他们的工作范畴是什么。首先，你可以了解这个客户及其公司的情况，其次你可以分享很多故事。如果你的这个方法应用得当，你就迈出了第一步。

你可能是世上最好的故事讲述者，但你的故事如果不能有效传播，就没有人知道你的存在。所以走出去开始对话吧。

好消息是交流的方式很多。例如研究一个主题并在行业会议上阐述，发表一篇文章，或在网上提出一个想法，挑选最合适自己与听众的频道。

**一段对话**

当你讲故事的时候，要知道你真正参与的是一段谈话，单方面表达的日子已经一去不复返了。

我认为参与对话更有趣，每个人从中学到的远比单纯的表达来得多。当你进入一场有力的谈话，你会发现新的趋势、找到新的商机并可能被介绍对公司有帮助的人才。

**从一到百万**

随着社交媒体的到来，你的故事可以向一个或几百万人讲述。社交媒体也戏剧化地改变了我们讲故事的方式。和大家一起共同创造关于你和你公司品牌的故事。

考虑到这一点，我建议你永远保持沟通的真实、直接和诚恳。试着从每一段谈话中学习，并知道哪些人喜欢你、哪些人会抱怨，经过这一切，继续讲述你的故事。

# 史蒂夫·乔布斯

史蒂夫·乔布斯（Steve Jobs）是一个善于讲故事的人。这不是出于偶然，而是设计好的。

我第一次领略他讲故事的力量是在一个分享座谈小组。我被要求演讲办公设计，他讲计算机未来。当时还处于个人电脑的早期阶段。

座谈结束后，史蒂夫约我在他的一层倾斜的办公室见面，我去时，再次请他解释为什么我需要一台电脑，他拿出一张软盘，在屏幕上拉了一个电子表格程序，他说这将转变人们的商业模式，我终于理解了个人电脑的价值。

他给我看完这个程序后让我跟着他，我们最后在便利店买了一些干果，去散步，在马路边和人行道中间的一小块儿草地上停了下来，在那里，他向我描述了一幅清晰的未来苹果公司的图景，那是一个伟大的故事。

然后他请我们设计他的办公楼，为实现这一愿景，我们一起合作了大部分办公楼，直到他离开苹果。

几年后，我接到一通电话："你好，我是史蒂夫·乔布斯。"

起先我以为这是一个朋友开的玩笑,后来我听出了他的声音,是史蒂夫!

他回到了苹果,说想要直接销售他的产品,他希望设计一个零售商店。我说:"史蒂夫,你只有两种产品:台式机和笔记本电脑。"我不停地问他要卖什么,他已经在脑海里有了一个清晰的设想,他正在塑造一个讲故事的空间,用于阐述未来苹果公司的系列产品,iPod, iPad, iPhone 等等,但他没有告诉我那些都是什么。

对于史蒂夫,他想要完美的讲述其产品故事的空间。他追求极致且永不停止,反复修改自己对店铺的想法,他做了功课,会介入和参与至最小的细节,以确保其符合自己的设想。他很强硬,但最终证明是对的。我们一起合作了 100 家零售店。

这些商铺讲述了一个故事,且这个故事的力量创造了全球每平方英尺最高的零售额。史蒂夫是真正懂得如何把巧妙的故事渗透至商业的每一个方面之重要性。

# ㉛ 建立自己的事业
# Build Your Own Career

**创业**

要有创业的勇气，还要拒绝扮演受害者。你的生命被事业占据了大部分时间，所以尽可能让其充实、快乐和有价值，要对所做的事情有明确的目标。

开创成功的事业是你的选择，因此要规划人生，然后为接下来持续创造价值的能力做好准备。

你在工作时间的作为决定了一整年的收益，而业余时间则决定了你的未来。

不要让市场竞争限定你，要明确自己想成为什么样的人。

**忠于自己**

两个简单的方面成就事业上的成功。一是创造价值，二是将之分享。大多数人发现最难的是完全诚实地面对自己所得到的价值。

如果你觉得自己可以，你也许会成功；但你认为自己不行，就一定不能成功。

你需要一直调整、适应和改进自身的能力和专业技能，才会创造价值。学会行动，行动，再行动。

**每一种职业的基本构成**

技能与学识：第一个必要条件是要弄清楚你的工作领域，学习专业术语，了解运作模式，且对现状提出疑问。教育背景仅仅是一个开始，你需要不断更新自己的学识以适应当今世界的变化速度，不断地学习使你有彻底告别昨天、开创明天的能力。

你从事的行业一天天在变化，事实上它可能被一波新的商业投机彻底颠覆，不被淘汰的唯一方法是不断自我学习和培养以应对各种可能性和即将到来的变化。

拓展知识领域有助于避免陷入可能错误和盲目的传统观点，拓宽眼界可以帮助你适应未来的可能性以及掌握那些被证明极有价值的新技能。

有效沟通：清楚的沟通是创造价值的前提，否则可能错过回报机会。应当花精力熟练掌握各种沟通媒介，比如微博、短信、邮件、演讲或不常见的手写感谢信。

"The future will be what
you decide to make it."

— TONY ROBBINS

"未来就是你决心想要创造的样子。"

——托尼·罗宾斯

　　我想鼓励所有人，即使最害羞的人，也应将注意力集中在公开演讲。比如看 TED 演讲、参加研讨会、参加"会议主持人"（Toast master）组织以及向你钦佩和尊敬的演说家学习。

　　自律：所谓的聪明人随处可见。世间诸事皆公平，遵守约定是获得长期成功的要素。你必须兑现承诺，如果遇到障碍，寻找替代方案，必须始终如一地、按规定交付客户价值。

　　注重客户：最好的事业是建立在放下自我和关注客户的需求上，他们为你的服务买单，这也同样适用于所有打工的人，在这种情况下，客户是你的老板和同事。创造价值、传递价值，你会拥有长久且丰硕的事业。

　　成功永远是一种选择，你需要做的一切就是有勇气选择它，因为你拥有自己的从业能力。请在意自身性格多于荣誉，因为性格是真正的自己，而荣誉是别人眼中的你。

## 32

# 从单一到多元
# Master One,
# Then Many

**专业精湛的重要性**

我强烈支持拥有广泛的兴趣和技艺，这样才能满足你的好奇心和对未知领域的探索欲望。

我也同样支持专业精通。你必须掌握精湛的专业知识，才能建立一家成功的专业化服务型公司。要投入时间和努力，让自己成为行业中的佼佼者，继而替客户创造价值。

精湛的专业是客户想聘请你以及你所在公司的原因。

# Identify a niche and own it.

明确并掌控一技之长。

## 多元

不要只做单一技能的领导者或公司，你需要组建精通多项技能、并愿意成为可以探索很多其他领域的团队。我认为最好是聘请看起来像全能选手而非单项冠军的人才，因为他们可以有效地适应和改变。

## 益处

据此你会获益良多：首要原因是灵活性。变化的节奏每天都在加快，你今天所掌握的明天可能就会过时。通过主动学习其他知识，你的团队更可能适应新的市场环境。

另一个重要原因是发现乐于学习其他技能的团队成员，这也会让他们在自身的专业领域做得更好。

更多的时候你可以从互补领域的企业中学习，因为这适用于所有专业化服务行业。

最后，从商业角度来看，这种做法正有助于员工了解公司内部其他人的能力，对同事的能力越熟悉，就越有可能向其推荐，继而使公司整体上变得更强大。

# 33 回馈 Give Back

**支持团体建设**

你的公司是服务于人，而人又是不同团体里的一员，团体以各种形式和规模存在，可能是地方或国家机构，也可能是专业的、非正式的或者宗教单位，又或者是公共组织。团体既可以是现实的也可以是虚拟的。

共同点是这些团体使用你公司的服务或产品，他们支持你，所以正确的做法是通过回馈使其强大。

**回馈的四大益处**

·首先是从帮助他人改善生活中得到的巨大的满足感，那是一种非常棒的感觉。

·其次是强有力的团体专注于成长，而成长为你的职业生涯开辟了更多的可能。

·第三个好处是你建立了所在团队的领导形象，人们更愿意同你合作。

·最后一点是能够让公司和团队更加团结。最好的回馈是协同努力，这样你就有机会对他人心怀感恩。

**回馈的方法**

时间：志愿服务范围很广，从周末在赈济处帮忙到通过加入一个理事会组织而形成长期合作，不一而足。

才能：每一个人都有自己的才能。而大多数非盈利组织都负担不起聘用你的费用，所以你的付出将极大地提升他们帮助他人的能力。

财富：把辛苦赚来的钱回馈社会团体，选择一种喜好和目标，并予以支持。

交易：购买产品和服务，做一个更好、更智慧、更持续发展的人。

**即刻开始**

我建议立即开始，不要等你老了或者有钱了才去参加，你的社团现在就需要你。关键是找到回馈的最佳途径并付诸行动，你将会心存感恩，你得到的永远比付出的多，这是关于回馈最好的一点。

晋思例证

# 回馈与传递

我强力支持建筑和设计专业的学生同时从书本与实践中学习。为了帮助他们接触到真实案例，我构思、创办和支持了康奈尔大学建筑系的客座评论讲座，我为之投入了时间、才能和金钱。

我这样做的部分原因是出于一位叫亨利·希尔（Henry Hill）的建筑师。他在我的学生时代访问了我们学院，帮助我理解建筑不仅仅是漂亮的图纸，而是由多种不确定因素组成的复杂商业体系，他成了我的第一位导师。

他付出了时间和才华，我很愿意把他对我的帮助回馈给下一代建筑师。

战略
# Strategy

## (34)
# 停止追逐潮流，
# 制定永久法则
# Stop Chasing Fads
# and Build Enduring
# Principles

## 创立品牌而非风格

风格和潮流变化莫测、难以永续，而基于法则建立的品牌则持久存在。如果你想规模化经营，你需要制定以法则导向的品牌而不是风格。

品牌代表了长期服务客户的价值体系，而追逐潮流和风格营造却只能在短期内服务于有限的客户。

开创一个品牌意味着集中精力与客户建立信任，信任表明你重视客户、在质量和专业服务上始终如一。

## 方法的重要性

当你创立公司，你一定希望以价值创造的方法获誉，产品和服务型企业亦然。

更好、更智慧和更高效地创造产值，你的公司就会成长得更快。如果仅仅关注风格营造，你将在潮流退去时处于弱势地位。

## 突出自我和低调内敛

尽管品牌远比风格重要，但我希望厘清设计的关键性。设计能够把空间、产品和服务转化为特别难忘的体验，其挑战在于你太过关注"突出自我"的项目。

在建筑和设计领域，大部分企业的局限因素是想让每一个项目或产品都被公众认可。

我意识到大家都喜欢项目和产品有极高辨识度的感觉。如果你设计的这个具有极高辨识度的项目，是客户希望和需要的，你就应该将其付诸实践。

平实的、不引人注目的项目同样重要。你应该永远尽最大努力做好所有的项目，这恰恰是创新以及将风格与设计因素巧妙结合的机会。

### 永远聆听

创作一个杰出作品或项目的最大危险在于把自我意愿放在客户需求之前。一旦你不再聆听客户意见，他们将会离开。拥有伟大品牌和风格的关键永远在于聆听客户需求。

通过听取客户意见建立挑战极限、探索新的可能的信任，并懂得一个产品或项目在什么时候努力展现自我，又该在什么时候于平实中有所作为，同时坚持质量标准。

# ㉟ 放缓业务增长
# Slow Business Growth

**长远打算**

我们生活在一个亿万富翁快速生成的时代。虽然一些年轻的硅谷企业家以不可思议的、数以十亿美金的收购和难以置信的公开募股而一鸣惊人，但他们是企业建立规则的例外。

创办一家成功的专业化服务型公司是一个缓慢而持续的旅程，它需要有长远的眼光。

**以小时计**

归根结底，服务企业出售时间。你可以让客户一起或分开结算，但关键是以能获利的工时来衡量你的收益。这意味着公司发展的关键是增加可计费的工作时间。

有时候专业人士被诱惑而走入赚快钱的捷径，一位律师可能在一项热门的高新技术交易中获得股权，一位建筑师可能受到鼓励去做地产开发商，一位产品设计师可能被要求放弃产品专利。

"We neither shun
growth nor idolize it.
We view it as a
by-product of achieving
our other goals."

— McKINSEY & COMPANY

"我们既不回避增长，也不过分崇拜增长。
我们把它看做实现其他目标的副产品。"
——麦肯锡

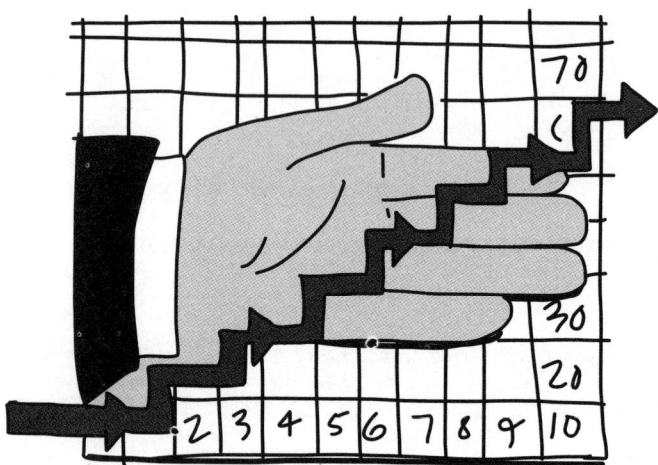

尽管你应该一直评估产生收入的机会，但我认为服务型企业要永远记住他们的生存之道是保证有效的单位时间。把注意力集中在目标上。

## 质量继而数量

获得更多计费时间的唯一途径是为客户持续创造价值，但这也意味着当你开始工作，你必须专注于工作质量而非时长。

在任何成交价格下都要保证工作质量，无论是低成本或者作为展示窗口的、有辨识度的项目。对于客户来说重要的是看到他们的投入产生价值，而对于你来说重要的是以盈利的方式交付质量。

一旦找到持续保证交付质量的方法，你将开辟一条客户推荐的途径，这为你扩展业务量铺平了道路。

## 复合效应

专注于稳步提供优质工作的服务型企业将受益于复合效应。首先是重复业务的增长，我喜欢老客户，其成本更低，而且更好地帮助你了解客户需求。你越熟悉客户，其他人越难和你竞争。

第二个复合效应是客户的认可能带来更多其他的客源。

## 拓展自己与客户

当我考虑发展客户时，我通常想到的是橡皮筋的性能。你希望与客户一起协作、共同成长，互相帮助。客户往往有自己的想法，如果你有更好的解决方案，要与之分享，但不能强行让其接受，这样会把双方置于尴尬境地。换句话说，在这段关系中，不能越线，否则你将会失去客户的信任，继而破坏这段关系。

这需要慢慢来，当你慢慢拉开一条橡皮筋，你最清楚什么时候能伸到最远但不会拉断；同样，你与客户合作时，不要过度扩展你们的关系，通过分享观点，你能够将合作推进到一个更新、更高的层面，相反则会破坏它。

你和客户应找到相互合作的模式，使每个人最大受益，并建立值得信赖的顾问关系。

# (36)
# 不做第一个
# Don't
# Be
# First

**做"最好的"而非"第一个"**

我接纳新鲜、不同和创新的事物。新事物带来增长前景，新工具有助于降低成本、甚至激励研发新型产品和服务。

尽管我喜欢新鲜事物，但我更想做"最好的"而非"第一个"。

**三思而后行**

你或许会面临在新技术上耗费时间和金钱、冲入近期开辟的新市场或建立新的管理机制所带来的巨大压力。如果这样的话，我建议你三思而后行。

新兴产品和服务通常伴随着不可预测的问题，它会浪费你的金钱、精力和专注力，而后者将贯穿于拿到项目、给业主高质量的设计和交付的全过程。

尽管你不想做第一个，但同样也不希望做最后一个，我建议你将计划调整为紧随其后的第二名。

**做紧随其后的第二名**

快速成为第二名的关键是关注新的思想或改良事物。通过正式或非正式调查以及测试，你可以弄清楚这些新想法是否成熟到可以作为一个可行的选择，抑或这些想法还仅仅是炒概念。如果是可行的选择，就做好准备将其付诸实施，如果是炒作或有缺陷的产品或服务，则避免其伤害，并使公司保持健康的状态。

虽然这些改进值得投资，但你可能仍旧会承担一定的风险，零风险的选择意味着你将避免成为第一，但也可能是最后。

关键是确保自己不会进入太晚，并清楚新事物将怎样帮助公司实现重大改进。

**晋思例证**

# 观察，等待，接受

我们曾是业内第二个更换软件系统的公司，这个系统已经为我们服务了 50 年。当 CAD（计算机辅助设计）刚刚出现，各类人群参与其中，建筑公司也冒险加入，当时并没有清晰的标准。数百万美金的投资和大量时间用于改进 CAD 系统。

虽然我的竞争对手也做到这一点，但我们集中精力获取业务并为客户创造优质成果。

当我们看到 CAD 系统解决了自身的第一批问题并首次降价，就立即决定升级版本，因而省了几百万。我们观察、等待，然后适应。一看到 CAD 生成了标准且解决了问题，我们就改用 Autodesk。

我们承诺、投资并一直在使用这个工具，且在适当的时候持续投资升级。

# (37)
# 通过一个项目
# 开辟新的市场和服务
# Open New
# Markets or Services
# with a Project

## 从一个项目开始

进入新市场是有风险的，我看到很多公司在没有任何业务之前就置办好了一切。

他们找办公室并雇用员工，这既昂贵又投机，换句话说很危险。更聪明的方法是用一个项目先打入市场，它可能是公司的一个新办公场所或一项新服务。

这个项目应该既盈利又足够大到能使你在一段时间内占据新市场。如果它是一个较小的短期业务，就要有选择性，确保这是一个重要的或引人注目的项目，并有机会让你探索更大的市场潜力。

## 与客户一起成长

理想的情况是客户带你一起进入新的市场。信任让你们共同探索新市场，这种信任建立于你与他们在其他合作中的表现，在一个项目上表现优异，他们就会邀请你参加其他项目。

如果你们有良好的工作关系，应该问问他们的扩展业务并寻找机会。

## 落地和拓展

一旦你进入市场并在第一个项目中有明显进步，接下来你就需要观察和聆听，找当地社区或其他类似的服务人员聊天，看看怎样创造价值。

你会通过这类调研赢得新客户，当你得到另一个重要业务时，就能够正式进军新市场。

要把风险最小化。在一个当地项目上建立起良好声誉，并创造收益使公司健康、可持续地运营，当然这需要时间，但当建立一个跨地域、多元化服务的企业时，慢而稳事必成。

## 新的服务范围

公司里的某位或一小部分员工可能对新的服务或产品有自己的想法，但他们只能得到公司很少的帮助，有时甚至要孤军奋战。我们通常在新的服务领域中运用"特殊团队"的方法。我们支持那些对自己公司在现阶段不提供的服务仍充满热情的优秀人才，一旦他们有了概念验证方案和一两个成功的项目，我们就考虑向市场提供这种服务。

晋思例证

# 与强大的客户共同成长

我们同一家跨国投行合作了一些优秀的项目。有一次，他们请我们帮忙在英国找一家能够协助高盛创建他们的伦敦办事处的公司，那时我们并没有英国的业务。我们尽责地帮他们列出了一些优秀企业的名单，他们拿到名单，做了研究，但并没有发现理想的，然后他们回来问我们能否在伦敦成立一家公司并承接这个项目。

我们签订了合同，这就是公司进军英国市场的方式。所以，你应该始终寻找能在市场中共同成长的强大客户。

# (38) 把问题留到明天
# Sleep on Questions

**紧迫感无处不在**

自我创业以来，变化的节奏每年都在加快，每个人都在以迫切和及时的方式回应变化。

是的，有时候你需要迅速做出决定，但大多数情况你可以花时间思考并把问题留待第二天解决。没有什么比不假思索地做某件事然后自食其果的选择更坏。

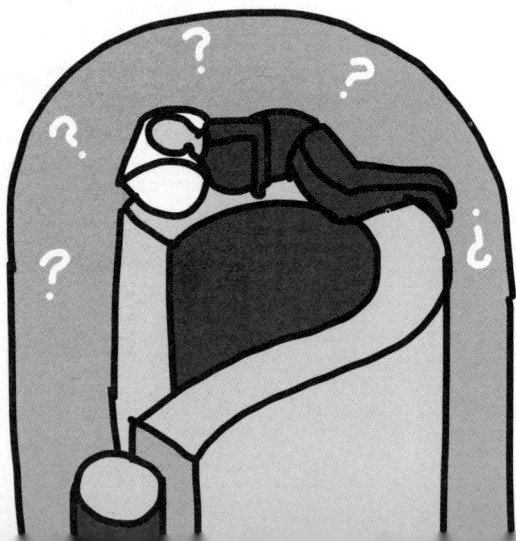

## 荣誉和责任

你只要从事服务行业，你的品牌就一定建立在创造价值的声誉之上。价值因一贯正确的决策而产生和存在，这就是投入高效时间做最佳选择的重要性。

作为老板，你同样有管理公司风险的责任，其中包括冒险进入新市场，承担更高风险和投资高回报项目或购买新的运营或财务系统。你一定不想贸然做出这类重大决定。

## 留待明天

其解决方法很简单，当你面临一个复杂的问题或当客户提出具有挑战性的要求时，在匆忙决定前，先等到第二天。有一点非常重要，当客户提出特殊的挑战性要求，不要立刻拒绝。你知道你想让他们高兴，但你也同样知道他们需要以盈利的方式及时交付项目。

实际上我请客户给我一天时间好好想想，告诉他们迟些答复。然后无论是客户、员工或朋友，一定要回复。这给你了思考其他可能性的时间，从而达到预期效果。

这个方法同样适用于内部事务。公司关键的招聘、购买主要系统和承担财务风险都是你必须小心的问题。

## 言出必行

把问题留待第二天，能够让你在回复的时候满怀信心。

你知道自己已经在不被干扰的环境下思考过，且充分衡量利弊，并有机会制定备选方案。

有了更清晰的思路，你可以做出并兑现你对同事和客户的承诺。

## 错失的机会

是的，思考的时间将让你错过一些机会，没有关系，错失部分机会远比立刻答应、做出糟糕决定然后自食其果要好。

总有机会让你去争取，最好是等到第二天再去争取。

# (39)
# 探索未知领域
# Explore Unknown Territory

**指明方向**

如果你刚刚成立一家服务公司，占领市场份额很重要。你希望成为行业佼佼者并以专业化服务型企业而获得声誉。

虽然你需要掌握市场定位，但我建议你不断地在探索未知领域上投入时间。这种探索能够开辟新领域、拓展新视野。其中一个好处是给了你整合资源和开辟新的增长路径所需的时间。

**探索未知领域的益处**

避免成为季节性业务的奴隶：有的服务型企业会在一个固定的短期时间内收取大部分费用。你可以从税务报表上看到这一点，春季有大量的业务，而在一年剩下的时间里都只有少量业务缓缓流入。作为老板和领导，与季节性销售挂钩意味着你将受制于饥一顿饱一顿的循环。如果赶上丰年，还可以保持公司增长，如果经历萧条期，或许就不得不解雇一些员工并艰难挣扎到下一个季度。

为公司寻找有互补季节的服务部门有助于稳定现金流并建立现金储备。

从业务周期中解放自己：专业化服务型公司的繁荣与其客户的兴旺有直接联系。如果你的客户全在一个行业，你将面临单一业务的循环，这会让公司处于危险境地。公司会成熟并最终衰落，而其他公司则接受现状并脱颖而出。如果你成为一家探索未知领域的公司，你更可能融入新趋势、发现突破性人才并争取到新客户。作为趋势引领者，你还可以帮助老客户根据现状随机应变，为在商场中生存下去的自己和客户创造价值。

当心冲击：巨大的冲击能够戏剧性地改变商业现状，如果你的经营范围有限，可怕的恐怖行为、因贪婪而产生的泡沫以及经历翻天覆地的政治形势变化，都可能令你破产。占领多元化的市场、地域和规模效应都会极大地帮助你培养渡过难关的能力。记住有条不紊地、愉快地做大小项目且盈利，能帮你走过艰难时期。

**探索方式**

对于专业化服务型公司，主要有三种探索未知领域的方法：

·一是挖掘新的客户类型；

·二是为老客户开发新的服务；

·最后是开辟新的地域市场。

运营
# Operations

# ㊵ 周一晨会
# Monday Morning Call

**周一晨会**

  周一很关键，让一个星期从管理层的晨会开始。我知道现在建议开会已经过时了，大部分人觉得是浪费时间，策划不好的会议都在浪费时间。我不喜欢浪费时间，"时间就是金钱"这句话在我的公司是百分百真实的。

  其中的关键就在于组织精心筹划的会议。如果你做得正确，周一的会将为一整个星期成功地设定方向、节奏和基调。现在首要问题是有价值会议的目的和好处是什么。

# Be There.
# No Excuses.

去参加，没有借口。

**周一会议的五大益处**

承诺：除非自己和家人病得很厉害，否则永远不要缺席会议。如果你希望成为一位成功的领导者，从承诺开始。在过去的 50 年里，我们的领导层都出席了周一的晨会，他们珍惜时间并全神贯注。

讨论：你希望信息流动，这是商业的命脉，可以帮助你们挑选新客户、分享创意和找出需要处理的日益严重的问题，这有助于避免信息囤积和打破孤岛思维，意味着更广阔的合作前景。

建立信任：信任是一切，它建立于持续的交谈之上。我们在周一会议上分享重要信息，这为领导层开辟了空间，让他们在线下展开新的交流、帮助彼此赢得新的业务或思考解决问题的方案。

增长：分享增长机会。在晋思，我们专注于真正的商业前景，团队精神将那些正在发生的或具体的近期展望转化为真正的客户，我们避免对天上掉馅饼的期待，通过分享胜利或短期前景产生动力，从而驱动领导们发展公司业绩。

面对挑战：每个企业都经历过挑战。要通过讨论应对损失和问题，而不是让其失去控制。当我们解决了一个问题，每个人都能从中汲取教训。在过去的 50 年，面对挑战的企业文化已经在晋思建立起系统经验，帮助我们及早发现潜在问题，并尽可能从时间和空间上加以避免。要勇于面对集体挑战，互相指责没有丝毫帮助。

**周一会议的三个要素**

严谨：例会很重要，去参加，没有借口。

准备：有备而来，这是对自己和他人的尊重。有一点对你个人而言很有用，确保你已经思考过手上工作的可能性和问题，排好优先次序，把最重要的带来会上向不同部门领导提出，使其帮助你增进或解决。

记录和分享：记录周一会议内容。这是非常宝贵的信息，记下来然后在当天尽快传达，这保证了每个人的进度相同，并有助于保持该谈话内容在线下进行。当你收到周一的会议纪要时，它可能帮你启发新思路或刷新解决问题的方法。

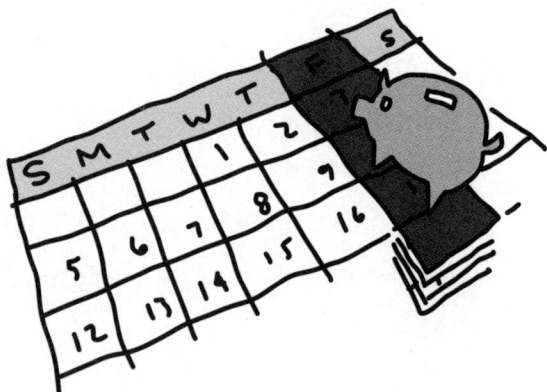

# ㊶
# 周五了，
# 结算现金吧
# It's Friday,
# Count the Cash

　　企业由员工构成，员工需要工资买房、送孩子上大学，这一切都需要钱，往往这笔钱不是未来某天即将到账的款项，而是今天就要实实在在地躺在银行账户中的现钱。

　　在设计与建筑行业，大部分专业人员回避讨论钱，很少有建筑或设计学院把基本商业课程排入课表。

这也是其他专业化服务院校的真实情况。结果就是业内尽是为生存苦苦挣扎的才华横溢的人。无论你身处何种服务行业，智慧理财都极为重要。

很多年前，我参加了一个会议，会上提出一种应对这一挑战的常识，在周五晚上结算银行里的现金。我们已经这样做并持续盈利了50年。这里罗列了星期五结算银行现金的几个好处：

每个人都是老板：老板对结果负责。好或坏，他们知道自己的立场并采取行动加以改善。通过周五的现金结算，员工能看到工作成果，如果你本周的确创造了产值，客户应该公平地支付你相应的酬劳，所以你可以在第二天早上再核算一次。

建立真正的业务：星期五能分辨出你是否有真正的客户或在瞎忙活。不幸的是，很多有想法的客户没有钱，所以应该在开始工作前调查他们。设计和建筑行业里也有很多名声在外却支付很少或零奖金的设计竞标，最糟糕的是价格反向竞标，他们让参与公司互相竞争，最后挑选报价最低的。如果你做了免费的工作，即使中标也输了。没有现金，你就不能支付自己的费用，这意味着迟早会倒闭，所以将注意力集中在从真正的客户那里得到真正的生意。

无借贷规则：我支持无借贷规则。这源于我还是一个年轻建筑师时的经历，我第一家供职的公司由于老板经营不善倒闭了，他不停地从银行借钱，以支付未来的应收款，当这些应收款未能兑现时，他留下了一大笔债务和无法支付的账单。作为建筑师，他很优秀也很有才华，但作为生意人，他可能是灾难。我信守避免借贷的准则，确保任何一个我工作过的或创办的公司专注于通过交付优秀的设计服务而财务健康。

每个人都是收款者：大部分设计师、建筑师或专业化服务人员对收账过程嗤之以鼻，事实上多数专业化服务人员认为这是低级工作，因而他们把收款交给了专门的收账人员，我坚决反对这种模式。如果一位客户请你尽全力做一个项目且你成功交付了，你需要一种公平和及时的回报方式。

如果你是一位服务型公司的专业人员，你是交付价值的人，你要身处最有利的位置以确保酬劳交付。你是和客户最近的人，你了解他们的企业和最有可能清楚其财务健康状况。

如果你不了解客户的这些情况，你就不知道他是否是真正的客户。我们一直并将永远专注于真正的客户，这是双赢手段。你需要确保公司健康运营，以持续吸引最优秀的人才和在交易中运用最新工具。如果公司的利润消耗殆尽，你就不能存活下来为客户服务。这就是为什么，在我们公司，项目的发起人和负责人还必须确保收到酬金。通过被授予收款的权利而成为公司老板，而一家公司的老板可以成功地逐年发展壮大。

**付账**

你需要及时收账，你的顾问、供应商和服务商也是如此。如果你及时付款，他们会一直为你提供应得和期待的优质服务。

# ㊷ 深晰账目 Know Your Numbers

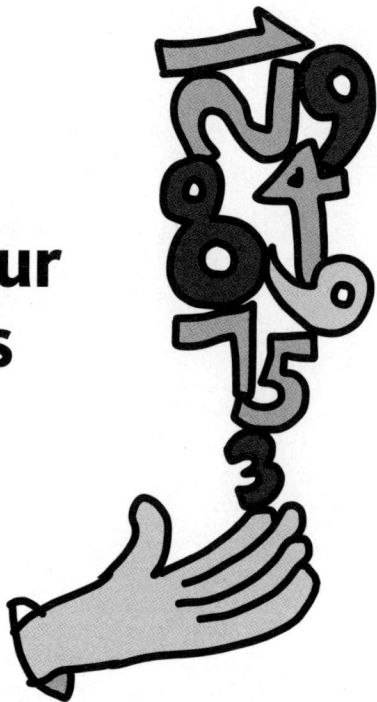

**精于数字**

不同行业需要不同技能。但有一种技能是任何行业的任何专业人员都需要的，就是精通数字。

事实上，我认为公司每一个层级的每一个人都应该和数字保持亲密关系。员工对数字越精通，他们就越有可能建立一个强有力且可持续的企业。

你必须学会使数字变得生动，并智慧地激励团队，使他们相信并向他们展示如何将愿景变为现实。

利润是企业的命脉。每一个人必须生存，如果你有孩子，你希望他们接受良好的教育，这意味着你必须以盈利的方式运营企业。

如果你和你的团队对数字有信心，你们就会明白日常决策是如何创立一个强大而健康抑或一个微弱和垂死的公司。

**做明智的承诺**

你整天做大大小小的决定，其中可能包括内部采购决策或是为了赢得新业务而提出的恰当费用，通过了解这些账目，你可以做出使公司健康和强大的明智的长远决策。

**明晰报价底线**

我一次又一次地看到让我疯狂的情况，就是在竞标时，许多公司做出无法兑现的承诺，他们提出一些注定会失败的计划，如压价抢生意，然后把每一位竞标者都置于危险境地。作为公司，他们冒着巨大风险，且威胁到了自己的生存，同时还疏远了客户。

为了避免这种混乱，你要清楚报价底线，且必须以一种对你自己来说最终能盈利的方式去和客户沟通交流，并满足其要求。

报价底线很重要，更重要的是市场标底，如果你在将要达成交易的时候总被拒绝，那么你需要反省。

如果你是优质品牌，你是否达到了客户愿意支付的上限？你需要创新和提供新的、更有价值的服务吗？你达到了所有的承诺标准抑或客户对你的服务水平不满意？

**从失败中学习**

当你在一次竞标中失利，不要为之哭泣，从中汲取经验，问问是谁中标了、为什么。试图了解造成你们之间差异的因素。

收集的信息越多，你就会变得越聪明和越快找到服务潜在客户最好的方法，你还可能发现创造利润的市场是否不复存在。通过成为精于标底的人，你能够认清趋势，并更好地依据新的市场和机遇定位全盘工作。

晋思例证

# 坚持做好记录

首先你需要清楚一个项目的成本，了解其他竞争对手的收费和所提供的服务很重要。他们的质量或服务可能与你的方式不同，但你必须清楚市场对于你的服务意味着什么，然后你需要确定是否与报价的质量和数量相匹配，成为一个低、中或高价的供应商。

其次是用心记录之前类似项目的成本，这是你必须密切关注的一点。我曾经和我们一个非常有才华的项目经理合作，他坚持详细记录自己所有的项目。我们被要求设计一个 200000 平方英尺（ $\approx$ 18580m$^2$）的办公楼，因此他研究了以前一个类似项目完成成本的文档，然后给出方案。

他给我看了详细的分析，然后调整通货膨胀。他提出了一个我们应报的价格，然后我问他这类服务的市场价格是多少。他提出的报价比现行价高 50%，这种情况下我们显然不会得到那个项目，我让他看一下我们之前的做法并找出一个新的解决方案。

他终于解决了问题，我们可以提出竞标价了。最后我们得到了三点回报：一位满意的客户、一个盈利的项目和一个新的提供适当解决方案的方式。

# ㊸ 摒弃孤岛思维
# No Silos

受困于孤岛思维的团队是自谋生路的事务所、工作室或公司。它或许会得到全面的帮助，但主要是独自发展业务，需要负担自身支出，保留大部分利润，基本上是独立的存在。

**摒弃孤岛思维**

做出承诺，从公司成立的第一天起就摆脱孤岛思维。孤岛思维会阻碍信息传播，制造团队内部的摩擦并降低公司为客户提供最佳服务的能力。

除非你很努力地消除孤岛思维，否则它会加深公司的分歧、派系和实践团队间的矛盾。

# Let the information flow.

让信息无障碍传播。

你会发觉,问题不在于服务型公司中实践团队和后勤团队的部门划分,而是当你扩大企业规模时需要细分专业,所以关键在于孤岛思维通常会渗入到公司的企业文化中。

当然你还有另一种选择。

**合作文化**

如你所知,我是一体化企业文化的支持者(参见第 7 节"一体化公司")。这是一种关于充满信任、高度合作以及承诺致力于创立单一品牌的家庭式企业文化。

对于员工和领导团队,把合作的企业文化融入日常工作非常重要。团队间人员共享既给了员工拓展的机会又能平衡他们的工作压力。账目公开管理、成本同担与利益共享、跨部门合作项目以及强有力的内部推荐市场,激发各种合作与交流,从根本上规避孤岛思维。

**合作的益处**

合作的益处是解放信息交流和自愿与其他内部团队寻找共同立场,同时还有助于摆脱"自给自足"的心态。

你可能把所有时间都花在判断这项业务的功劳归谁,这实际上是在浪费时间和精力,当每个人都分享成功,每个人都感觉自己是公司一员,赢家是整个公司。

如果员工感觉他们只会因为自己所做的事情而得到回报,他们就会尝试别人可能会做得更好的工作。如果他们觉得向其他项目团队或分公司公开自己的客户，无法得到任何回报或认可，那么一家公司的最优化使用能力就丧失了。

当信息自由流动时，新的项目机会找到合适的执行团队，客户的问题能更快解决，并使得重要的专业知识在整个公司内形成良性循环。

合作同样有助于找到内部热点。你们会有摩擦，员工也是人，如果你树立合作的企业文化，这些问题将很快浮出水面，并让领导团队有能力在事情不可控制之前将其解决。

合作的最终好处是与客户的良性循环。公司人才在一起工作越容易，他们就越愿意按你的方向发展更多业务。你承接的项目越多，就会成长得越强大，并且为市场带来的服务也越多，这就是合作的重要性。

# （44）
# 无领域控制
# No Territory
# Control

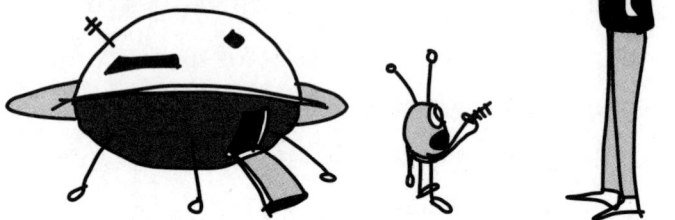

## 控制的问题

当一些公司发展时，它们做的第一件事情即分裂成若干派系和瓜分市场份额，随之分配人员控制各自市场，结果是形成各自的领地。

我认为这种服务公司的成长路径完全是错的。在商业上这种模式揭示了三个主要问题：

首先为内部斗争。当客户从一个团队过渡到另一团队，员工将会就如何分配收益而明争暗斗。这种情况的发生是因为客户拓展新的地域或开发新的生产线时，需要公司不同部门的服务，争斗会让客户损失。当客户损失并因为服务水准低而离开的时候，你也同样损失。

第二个问题是同自己竞争。我曾经看过同一公司的不同部门为同一个客户投标。这发出了一种信号，你们没有协同合作，且当每个团队都压到最低价去赢得客户时，这种方式将侵蚀长远利益。

最后，当你鼓励区域控制时，你将失去内部推荐市场的力量。

**无领域控制的益处**

打破领域控制模式有四大好处：

·首先是极大地打开了员工间共享业务联系人的可能性。当员工知道他们是家庭式企业文化的一员时，他们努力工作、互相帮助。这意味着你有更多观察和聆听的渠道来发现新机遇（参见第40节"周一晨会"）。

·第二点好处是在整个公司内部围绕企业品牌发展了一种所有权观念。员工希望品牌成功，所以他们有动力发现潜在客户并与品牌支持者共享。

·第三，共享资源开辟了合作空间。通过清除派系和领域控制，人才能够在公司内部被分配到最需要的岗位，为客户提供最好的服务。

对于寻求拓展眼界的专业化服务人员来说，这种流动性的增加是令人兴奋的，同时这对客户来说也是极好的，因为他们最有可能从公司找到为其项目服务的最佳人才。

·最后，共享客户和团结合作能够建立起相互信任。你的团队会看到内部推荐市场是有效的，有时候你发现的潜在客户比他人推荐的多，而其他时候你得到他人推荐的客户比自己发现的多，随着时间的推移，一切都有序运作。

如果内部推荐市场运行良好，那么你的团队将开始从仅仅让自己短期收益最大化，转向帮助公司站在长期视角发挥最大潜能。

所有这一切必须由奖金和薪酬分配支撑，成功实现无控制领域的关键是，能否每个人都收益共享。

客户获益是因为他们能接触到潜在的捆绑增值服务，而不仅仅是一群专业技术人员。

使这种模式发挥作用的关键是将无领域控制与强大、明确的领导团队结合起来，引领范围与实践。这有助于避免或许出现的冲突，并在可能的情况下促进新的合作。

# ㊺
# 从头至尾
# Start to Finish

**所有权的力量**

我拥有它，它也拥有我。

我相信所有权的力量能产生更好、更快的结果。责任感和对质量的承诺是所有者必须具备的。他知道自己在商业上的成败关乎于如何服务客户与员工。

这就是为什么我提倡服务企业要制定"从头至尾"为客户服务的模式。

**烫手的山芋**

在当今世界，人们分摊产业价值链，其基本模式为先让销售团队接触潜在客户、生产团队随后跟进，然后以结算和收款部门作为结尾。

我认为在专业化服务领域，这是一个灾难性公式，它导致内部争斗，且当公司身处困境时，员工们会互相指责。

If you don't start a project correctly, you can never complete it correctly.

如果你无法正确地开始一个项目，
你也绝不会正确地完成它。

## 从头至尾

有一个更好的方法。你让员工和团队从头至尾负责一个客户的项目，他们将尽全力赢得业务、努力生产和交付，且不得不要求公平与及时的酬金。

记住，如果你不能正确地完成一个项目，你将失去之前所有。确保项目成功交付的关键是最后的 2%。

当你负责一个项目，你清楚自己对客户的承诺，这有助于以一种互利的方式兑现承诺，以避免过度应允以及无法交付或亏损交付。

当你竞标一个客户，他们投入你的品牌和公司，你们通过合作建立起信任，这就是为什么让同一团队来完成交易的必要性。

收款这一方面是多数人抱怨的。大部分专业化服务人员认为这是低级工作或是一个麻烦。我认为让团队清楚自己的酬劳与客户的支付相关联这一点很重要。通过结款他们明白自己是否有一个真正的客户。通过专注于真正的、值得信赖的客户，这支团队将有最大的机会获得长期成功。

业务增长
# Winning Business

## ㊻
# 每一位都是营销人员
# Everyone
# Is a Marketer

**让每一个人都成为赢家**

如果你希望建立一家持续增长型企业，那么必须让公司的每一个人都尽全力拓展业务。

记住你在试图售卖某物，所以要学会推销。这里，我所指的对象是公司中的所有人。业务增长是每一位员工的责任，你们在同一个大家庭，需要彼此关心。

## 部门各自独立的悲哀

今天大部分企业都有独立的销售、生产和结算部门，这是一些公司甘于现状并错失成长机会的原因。长远地看，这将导致被竞争对手淘汰。

部门独立还会引起不必要的摩擦。销售部可能过度承诺，生产部可能忘记提及新的、有价值的特性，而且每一位员工都可能对费用、时间与收益一无所知。

## 集合

从第一天起，我就有了另一种使命。团队里的每一个人都通过掌握销售、营销和结算的能力，为公司创造更多的可能。

## 达成专业交易

如果你是业内专家，那么你最有可能了解潜在客户的需求。这还意味着你清楚将以怎样的交付来满足客户需要。然后你会站在最有利的位置审视并为这个项目定价。

## 学会结款

大多数专业人员从未收取过一笔款项，我认为学会结款这很重要。当你必须去结算时，你会即刻发现一些事情。

·首先这是否是一个好的客户。

# Learn to ask for the sale.

学会主动争取销售计划。

·其次你确定了自己产生的价值，当你做出杰出业绩，你应该觉得有信心为此要求公正的酬劳。

·第三，你会了解公司的财务健康状况，成本管理和现金收益意味着你的公司运营良好。

### 集合的三种途径

学会倾听：继续关注。倾听周围发生了什么，很小的细节可能带来潜在的客户和项目。多年来，我的工作团队出席活动、世博会、宴会、讲座以及同客户见面。通过问一些建设性的问题然后深入聆听，能够发现意想不到的销售机会。

学会共享：如果你看到一个可行的项目，那么充分了解自己的公司就显得尤为重要，例如你是否有足够的社会资本或是否乐于共享潜在资源。你若希望公司内部合适的专家帮助你实现这一愿景，来满足客户需求，就应该像一个家庭那样着手行动，因为你分享了资源，其他人也会这样做。

学会方法：如果你希望公司的每一位员工都能够全力以赴，那么你必须研发和予以他们高效的方法和强有力的支持，尤其是对那些善于提出建议或做出优秀汇报的员工。

另一个方法是一组过滤系统，帮助团队了解他们在通知公司高层前，可以先协商的合约规模，这有助于管理风险和保持公司增长。

一个过滤的例子就是针对每一位管理人员规定在签署合约时的限制金额，根据不同经历和责任轻重，有人可能是 10000 美元，有人是 50000 美元。无论如何，创建适合自己公司的过滤系统非常重要。

# (47) 赢得真正的业务
# Win Real Business

如果你认真地经营自己的专业化服务型公司，你需要对"赢得真正的业务"有真正的认知，当公司赢了，我们才都是赢家。

这意味着你必须赢得有利润的项目，我指的是现金到账的合约。对服务合理收费，但交付时要远超乎客户的期待。

**警惕骗局**

专业化服务人员总是被"愚人金"（Fool's Gold）的承诺所诱惑而陷入困境，这些骗局最初看起来不错，但一经检验就会让你损失惨重，甚至破产。

**下列为值得警惕的三种常见陷阱：**

无偿或低价竞标：这种陷阱普遍存在于设计领域，甲方通过承诺中标后将赢得声望和知名度来吸引企业投标。尽管一些竞赛能够做到这两点，但对于大多数公司来说，只会占用它们宝贵的时间。记住，在服务行业，时间才是真正的金钱。

"让我看到你应该做的"：当一个客户想要免费的解决对策时，他们会要求你无偿分享工作成果，这种做法最坏的结果是你在细致了解客户的问题之前就提供了解决方法。

逆向竞标：一些大品牌公司以未来合作为诱饵，邀请企业参与低价竞争，而很多企业也想在营销宣传中展示其与这些大品牌合作的能力，所以纷纷加入。但这只是徒劳，因为大品牌一旦把你认定成一个折扣供应商而不是一位价值创造者，你的利润将被永久压榨。

价格逆向竞标指出了公司的财务风险。准备投标需要时间和资源，除非你中标，否则这些不计费时间都是无法恢复的，因此广泛参与并试图赢得价格逆向的竞标，你很快就会破产（参见第

54 节"人们评估自己的花费")。

最后，客户也连同蒙受损失。专业服务不是商品，它们很少被用于解决普遍问题，最好的服务客户的方式为参与对话，成为值得信赖的顾问，然后提供定制服务以满足他们要求，以及予以所有部门经济上的回报。

# (48)
# 意想不到的机会
# **Unanticipated**
# **Opportunities**

**期待好运**

　　运气不是一种策略，但当它来的时候，你的一切想法都可能实现。问题是怎样发现意想不到的机会，以及当它们在人生中出现时应该做什么。

### 永远保有好奇心

当运气来临时要做好准备加以利用，我认为所有运气的基础都是好奇。如果你对周边世界抱有好奇心并予以探索，你就会遇到不同的人、地方以及可能性。你的好奇心越强，就越能够发现意想不到的机会。

### 探索新的和熟悉的事物

探索是好奇的下一步，它意味着冒险进入新的领域和重新审视熟悉的事物。它可能是你接受邀请在一场新兴领域的会议上发言，也可能是在一次商务旅行或一个聚会上与陌生人愉快交谈，通过探索你会遇到意想不到的机会。

### 付诸行动

只有当你着手付诸行动，运气才是一件好事。如果你在一个未曾预料的情况下遇见机会，一定要采取行动，把注意力转向各种可能性，我总是说："我宁愿幸运也不要聪明。"但实际上你也必须要足够聪明，去迎接幸运并付诸行动。

晋思例证
# 抓住机遇

我有一次在纽约城的会议延误了航班,我打电话让助手重新安排航班。她回复说不能改签,因为美联航要收 1000 美元的改签费。因为便宜(和对公司用钱的谨慎),我说我听过一个新的航空公司叫捷蓝航空(JetBlue),他们有廉价机票,纽约飞旧金山 115 美元。

她和我争论说他们只有经济舱,而我在经济舱里会感觉不舒服(我个子很高)。但由于价格差异,我最终说服她为我改签成捷蓝航空的航班。

我刚好在飞机滑行前坐定,一个人通过广播说他是捷蓝航空的创始人兼 CEO 戴维·尼尔曼(David Neeleman),他将同本次航班的空乘一起发放饮料和薯片,并希望和所有的乘客聊天。过了一会儿他来到我的座位旁,告诉我座椅调节不当,然后问我是做什么的,我回答说建筑师,同时补充道:"我们设计机场。"

他想要在肯尼迪国际机场修建一个新航站楼,但对航港局推荐的建筑师不满意。我们迅速交换了名片,两周后我收到了这个航站楼的任务书,三周后我们的方案被选中了,这真是一个出乎意料的机会!

# 49

# 大客户无小项目
# No Project Too Small for a Great Client

不要自大

　　很多服务公司对小项目嗤之以鼻，他们甚至用同样的方式对待最大和最受尊敬的公司，他们认为小项目不值得投入时间和人力，我认为这既傲慢又会错失服务卓越客户的机会。

**大客户无小项目**

没有小项目和小客户一说，你为客户做的每一个项目都是一次展示自己有能力交付价值与质量的机会。小项目可能没有足够的吸引力甚至无趣，但它们非常重要。小项目可能是与新的潜在客户建立关系的起点，又或者是培养当前有价值客户的一部分。所以无论哪种方式，小项目是建立业务的关键构成。你身处客户服务行业，所以服务好客户至关重要。

**小项目的三个好处**

信任建立：以与大项目同样优异的水准交付一个小项目，能够建立起与客户的信任关系。而且当你交付小项目的时候，建立了双向信任，既替客户创造价值，也让自己保有盈利，这为双方开拓了认识合作价值的能力。

成长机会：卓越的客户带来成长机会，他们可能正在探索新的产品或服务，也可能是拓展新的领域。如果他们让你帮助找出方法去探索那些新的可能性，你会和他们一起成长。此外，通过之前的小项目，你获得信任，当有更大项目的时候，你将被首先考虑。

韧性：市场起起伏伏，如果你以狭隘的视野和匮乏的经验来应对预算受限的项目，你有可能在萧条期被踢出局。

认识到在艰难时期通过小项目的产值而创造价值，能够使你变得有韧性，这让你继续服务客户和得到收益。而且如果想度过艰难时期直到有充裕的回报，现金流很重要。

**晋思例证**

# 小项目的回报

我曾接到过李维斯（Levi Strauss）董事会主席的电话，一个开发商朋友和客户向他推荐了我，他问我是否能帮助他找到适合其夏日别墅红木地板的用漆，显然他和他妻子无法接受现在的装修，我做了一些研究并找到了他可以接受的方案。

从那次接触后，不久他就请我们做总部大楼和两栋综合体，一共 600000 平方英尺（ $\approx$ 55742m$^2$）的室内设计。几个小时的研究换来一个不错的结果。

## (50) 走到谈判桌前
# Get to the Table

**赢得真正的客户**

说"不"为赢得真正带来利益的客户铺平了道路。很多年轻的专业人员具备娴熟的专业技能，但缺乏基本的商业知识。由于完全没有销售能力，他们对于如何谈判和达成交易毫无概念。在发展盈利业务的道路上有四个基本步骤：

探索和聆听：生意很少会自己送上门，你必须走出去，探索和寻找客户。你需要创造机会和为那些意料之外的机会做好准备。一旦找到潜在客户，你必须迅速切换到深度聆听模式：问一些好的问题并了解客户的强项和需要帮助的地方，聆听那些可能暗示合作潜力的最小线索。

走到谈判桌前：一旦你足够了解他们，应该开启对话。此时，要重新成为一位探索者，拓展与潜在客户的交流，提出一些假设情景和分享展示公司价值的经历。你的任务是了解他们的需求和看看你或你的公司可以怎样为他们贡献价值。

一旦了解他们的需求，你必须坐在一个有权利的决策者对面，而那个人能否做出购买决定至关重要。如果他们没有决策权，那么想办法使其成为你的支持者，并带你去那一张特定的"桌子"前和能够做决定的人面前。

你需要回到探索和聆听阶段去描绘一幅完整的图景，并找出展示提案的最佳方法。你会惊讶于有如此多的专业人士对这个过程感到不舒服或不喜欢，所以予以团队和公司做到上述种种的信心尤为必要，同时也不忘持续寻找业务与合作的机会。

谈判桌上：一旦你获得在谈判桌前汇报提案的机会，一定要了解竞标流程。你希望向他们展示尊重和胜者风范。

你的建议应该为客户创造价值并让自己盈利。不惜一切要赢的方式会毁掉你的公司，把讨论从成本转向价值。就像你尊重客户一样，你也需要尊重自己和自己创造的价值。这意味着必须在谈判桌上达成一个双赢协议。如果你最终成为失败的一方，你将不会有真正的客户，所以要永远专注于真正的客户。

*留在谈判桌前：总有揭晓答案的时刻。*你的提案或许得到"是"或许得到"否"。"是"令人兴奋，而"否"击垮了大部分专业人员。他们听到"否"时，离开谈判桌且再也没消息了。

这是错误的做法。首先你要清楚自己为什么没有中标，打个电话了解失败的原因和其他人胜利的原因，从中汲取经验。往往门没有完全关上。他们可能希望同你合作，但受到特定的限制，这是你调整建议的时候，仍然要保证自己的利益和交付的预期价值，你的目标是留在谈判桌前。

而且如果你没有赢得这个项目，还是要设法留在谈判桌前以维持这段合作关系，这样可以使谈话继续进行并提醒自己他们未来可能需要的其他需求。通过留在谈判桌前，为再次竞标和达成交易做好准备。

你唯一应该离开的是那些不断要求免费工作以及危害到公司的谈判桌。你应该在其他的谈判中保有一个位置，以便能够在未来找到创造价值的方法。

# 51 尊重客户 Respect Your Clients

**尊重他们**

客户只有了解到你对他们有多在意，才会想要知道你在这方面有多专业。设计行业有一句老话好像是这样说的："如果不需要同客户打交道，我能完成伟大的作品。"

很多服务提供者总沉醉于试图向客户展示自己做得有多优秀，最后他们出尽风头，且剥夺了客户阐明手头上问题的机会。这显然很愚蠢，请尊重你的客户。因为他们很聪明，他们建立并经营着企业。如果他们请你帮忙解决问题，就以此作为出发点，倾听他们，了解他们真正的需求，然后分享你的经历和案例，帮助他们解决具体问题。

**进入客户语境**

当服务提供者用行话和术语淹没客户时，我快疯了。举个例子："参数化已经取代了现代主义对空间的迷恋，那将是一种更加灵活、平等的地域理念。"［来自扎哈·哈迪德建筑事务所的帕特里克·舒马赫（Patrik Schumacher）］

Just listening to your clients won't get you where you want to be. You must understand their problems before you can successfully provide an appropriate solution.

仅仅聆听客户意见，
不会得到你想要的答案。
但在成功地提供可行方案前，
我们必须先理解他们的问题。

他说的是什么？我毫无头绪，更别提客户了——尽管这句话是关于建筑：行话和术语既不会留下深刻印象还让人困惑。所以说话要直截了当，学会他们的语言，使用与其相关的类比：一旦建立共同点，你就可以帮助他们了解行业术语的细微差别，这体现了你对客户的尊重。

**他们的意见很重要**

客户的意见很重要，要让他们成为你的团队成员。所以如果意识到这是客户的项目，而不是你自己的，就不会再说"我的项目"了。

服务提供者往往对待客户很强势。他们忙着告诉客户自己做了什么，以至于不记得与客户接触，并真正了解他们的需要以及想法。

关键是无论你对客户提供什么建议，他们才是日后的使用者，你真正应该做的是把他们的意见综合到你找出的各类解答方案中。

有些客户缺乏远见，他们想要自己了解和喜欢的类型，但你可以通过分享更多的可能性，为客户拓展视野，切记不要过分拓展且破坏你们的关系（参见第 35 节"放缓业务增长"）。

**巨大的期望**

采纳客户的意见虽然重要，但达成期望也极其关键。在任何一个行业（亦属人之常情），客户永远希望少投资多回报。

想确保客户满意并能够持续地为他们服务，你需要与其保持长期沟通。你们从一个基础提案开始，然后协同找出互惠的解决方案。这样做，你可以省去日后不必要的麻烦。客户尊重你，因为感觉同你合作能找到可行方案，而且最后你也会尊重他们，因为他们可以根据你提供的服务，适应和调整自己的预期。

**尊重的回报**

尊重能够得到正面的回报。当你以尊重的方式解决客户问题，在他们面临下一步挑战时，你永远排在其需求名单的第一位，而且回头客是尊重最有可能的回报。

有一点一直让我感到意外，有些我认为很难相处、应该避免和他们一同工作的客户，最终成了我的好朋友和固定客户。当然，与此相反的情况也发生过。

## (52) 成为值得信赖的顾问
# Become a Trusted Advisor

**做长远打算**

当今的商业世界受短期思维掌控。企业试图榨干客户的利益，而客户对其顾问亦是如此。他们没有为长期利益留有空间，这一度成为偷工减料和做出错误决定的温床。

其解决办法应该是从长远打算，认真聆听并不断与客户沟通，

# Take the long view.

做长远打算。

为今天、明天甚至未来创造价值空间。如果你做到这一点，你将成为他们值得信赖的顾问。

### 超负荷选择

今天的客户面临着超负荷的选择，他们整天面对大量决策，其中有一些是重大、复杂和涉及重要财务规划的决定。认真对待他们无论大小的决定，帮助他们找到解决方案，你们将建立起信任的基础。

### 一诺千金

如果一位客户基于你在谈话中提出的解决方案而聘请你，那么一定要履行承诺。不要找借口，你必须找到兑现承诺的方式。的确，有时候客户会改变主意并使项目范围朝另一个方向发展。

如果你曾与客户深度沟通，就应该建立合作完成一个项目所需的信任和空间。价值交付是一段可持续关系的基石。

### 回到起点

一旦你完成了一个项目或产品，可信赖的顾问关系就将重新开始。

你们拒绝吃老本，聆听和学习客户未来将面临的新挑战，这样有助于另一个项目的合作。

**他们推荐你**

可信赖顾问关系的最终标志是客户向其他人推荐你，这是信任和认可你所创造价值的体现。赢得值得信赖顾问的"头衔"，你将一直有蓬勃的事业。

# 53 老客户 Repeat Clients

**建立合作关系**

有三种类型的合作关系：

·首先是与在一个项目里合作过的个人建立关系；

·第二是同公司建立关系，那样即使你的主要联系人跳槽，你和这个公司依旧保有合作；

·第三是认识潜在客户并建立合作关系。

优联原理（将以上三点综合）能培养一种持久的关系，好的合作关系可以持续几十年。

## 基础客户

回顾我们公司刚成立的时候，我发现我们培养了四个主要客户，他们又源源不断地推荐了其他客户。有一点很重要，如果你运营一家初创公司，投入精力和关注于早期核心客户，他们将成为你最大的支持者并助力公司成长。

## 宣传

如果你持续自我拓展来为客户完成更好的工作，他们会为你宣传，把你推荐给自己的朋友和同事，这些推荐比你做的任何营销手段都更能赢得一位新客户。

## 齐头并进

如果你期待一种长期的合作关系，那么你和客户必须共同发展，我们的理念一直是："我们不做项目，我们建立合作。"

认真聆听，共同参与和带来新思想的承诺支撑了这种协同发展。

**晋思例证**

# 为老客户服务

建立合作关系有很多种方法。就我而言，我最喜欢的一种就是从脸上被踢到沙子开始。那是公司成立初期，我在海边喘口气，这时一个人往我身上踢沙子。我抬起头看到是我的一个朋友的兄弟。他听说我是一名建筑师，并问我是否能借一位绘图员帮他设计他的第二家店。

我说，事实上我的业务是做项目，而不是借员工，但为了帮助朋友，他可以借用我们的一位员工。几周后，他打电话来问我借一个项目经理，我派了一个过去。不久后，他意识到他需要我们的帮助才能做到这所有的一切，他很感激我帮助他完成了第二家店。

今天，我们已经为这位朋友设计了 3000 余家店铺，他的名字是堂·费希尔（Don Fisher），品牌名字是 GAP。

这些年来，规格、外观、体验和商品都发生了变化，但在过去的 50 年里，最初阶段建立的信任、承诺与合作却一直在不断增长。

我很重视这些友谊和长期合作关系。

# (54)
# 人们评估自己的花费
# People Value
# What They
# Pay For

**免费是卓越的敌人**

学会怎样收取服务酬劳，不要害怕为你所提供的工作价值收费。当客户支付你的服务费用，他们才会珍惜，所以价格不要太低，这样会让他们低估了自己的所得，最终导致公司破产。

如果你赠送了自己的专业技能，你将不会在商界长久立足，这就是为什么我坚信免费是卓越的敌人。

**免费赠送会伤害客户**

近年来出现了一种可怕的趋势：一些公司开始要求服务提供商投入大量的资源以提出自己可能不会考虑的项目选择。换句话说，他们要求免费工作。他们只是在学习知识，想要你所提供建议的解决方案。

这种趋势也体现在大肆宣传的无奖金竞标中。对那些公司来说，这乍一看似乎是一笔不错的交易，他们不用承担任何财务风险，就能全面了解所有的项目选择（参见第40节《赢得真正的业务》）。

问题是他们在冒险，很大的冒险。不知财务状况就去做高风险投资，是不会进入市场竞争的。潜在客户确实会承担风险，因为你的想法不是建立在你与客户合作的基础上，而只是揣测客户真正的问题或机会。

**风险共担**

最好的情况是双方风险共担。我认为对企业来说，雇佣服务公司来研究他们正在寻求解决的问题是一件很好的事情。当企业利益绑定的时候，他们才会更关注自己正在尝试解决的问题和你所提出的解决方案。否则，你就面临一种他们不确定自己想要什么的情况，而你也在揣测他们的需要。

**摒弃揣测**

我认为即使是最好的提案申请，也很难猜出对方的需求，所以应尽快摒弃这种揣测的工作方式。如果客户不聘请你，那么想办法参与到他们关于正试图解决的问题的对话中，进行细节沟通不失为一种方法。如果他们不想这样做，那就是一个明确的信号，表明即使你赢得合约，前面的路也不好走。客户如果头脑清晰、表达明确并与他们的服务提供者共担投资，那么你们一定会一起找寻到最可行的解决方案。

**就像一段美好的婚姻**

好的婚姻是关于共同解决问题的承诺，它需要良好的沟通，耐心和毅力，这始于求爱期间。如果一家公司从一开始就准备有意无意地试图占你便宜，那结局只能以眼泪收场。

**正确开始　正确结束**

当一家公司真正地致力于探索存在的问题，他们就可能更快地找到合适的竞争市场，并迈出正确的第一步。

而且通过正确的开始，你将最有机会正确地结束，这意味着公司一旦创造了产值，每一位员工的温饱就能得以维持，当新出现的问题需要有建设性的服务提供者时，人们才有能力重新开始。

# 设计的力量
# Power of Design

(55)

# 设计的力量
# The Power of Design

## 设计思维的崛起

专业化服务型企业是商业思维模式的产物，它们的产品和服务即知识的集成。如果你正在思考关于创建一个服务型公司或者你是一家更大企业的领导，我鼓励你挖掘新兴的设计力量，无论你身处什么行业，都要做一个设计的信徒。

设计思维与专业化服务人员看待世界的角度不同。大部分专业人士是被聘请去解决特殊问题的，律师会草拟一份合同，会计将管理你的账目需求，工程师则想办法提供技术解决方案。

你当然可以凭借热情、勇气与这一过程中纯粹的乐趣来提供服务，但真正的成功始于设立业内所遵循的新标准。换句话说，你应该和竞争对手拉开足够大的距离，以至于让他们连尝试追赶都无能为力。

设计思维是从另一个角度解决问题。它没有给出预先确定的解决方案，而是将精力投入到寻找合适的问题去探索。跳出固有思维模式，通过找到合适的问题，设计师有最好的机会为客户创造最大的价值，所以首先解决问题，然后构思决策框架。

一旦选择了合适的挑战，设计思维就会着手创作兼具内容与风格的产品和服务，正是这种组合使得它于服务公司中普遍存在的严格分析思维中脱颖而出。

**将设计变成讲故事**

好的设计将一个简单的产品和服务转换成一个令人信服的故事，客户购买这些故事，并结合自己的公司加以发展。

好的设计注重小细节并知道每一个客户的痛点都会推动故事向前发展，这包括了从名片字体到整个办公场所的设计方式等方方面面。

好的设计不仅仅是为了客户，对于自己的团队来说也非常重要。多年来，我和我们团队从调研与观察中得出了丰富数据，其

Powerful design thinking integrates four main themes on the Process of Design:
**Ethical Practice**
**Thoughtful Impact**
**Experiential Design**
**Excellence in Delivery**

强有力的设计思维融合了四大主旨：
道德实践、
思想影响、
体验设计、
优秀交付。

(see also next section, *Design Process*)
我在下一章"设计过程"中也对此进行了探讨。

一次又一次揭示了设计有多么重要，它能够令你的员工更有效率并使你的客户更成功。

## 设计是共同创作

设计是共同创作所产生的价值，你、客户和你的团队都参与其中。设计师明白这一点，而且把它作为自己看待世界方法的因素之一。

作为任何类型专业化服务公司的老板或领导，我都鼓励你们挖掘设计的力量，将设计师心态运用在业务的各个方面，鼓励你的团队成员去探索这个行业、参加研讨会，并将其整合到他们的专业领域。

你越是把这个想法融入到自己的思维方式中，你为客户创造的价值就越多，并越能挖掘公司的人才潜能，而且团队努力将使你有能力拥有一个强大的品牌。

# ⑤⑥ 由内而外的设计
# Design from the Inside Out

当提到"设计"这个词时，大多数人首先想到的是某个物体的外观——他们想的是风格。事实上，这也是大部分设计师的想法。他们考虑更多的是如何清楚地陈述自己的设计。尽管我重视风格，但我仍旧从设计的主旨开始，相信设计应由内而外。

**内部视角**

内部视角专注于确保工作有效进行，并让最终的使用者容易理解，这适用于所有专业服务人员。一些服务型公司喜欢在交付成果时，用复杂的术语表述其观点，这或许让他们看起来很专业。

然而挑战在于最终的使用者不得不替这些服务型公司买单，也就意味着如果所交付的成果看起来不错，但无法被理解和应用，那么这些服务型公司则会因为由外向内解决问题的方式而最终失去客户。

我在职业生涯的早期就明白了只有通过由内而外解决问题的途径才能最好地服务客户。

晋思例证
# 形式基于功能

虽然我是一名建筑设计师，但我拿到的第一个项目是为旧金山一栋新的大型办公楼做商业租赁设计。

那段时间，我学到了很多关于室内设计的知识。我发现关键是要发展一个合适的方案，我必须找出在工作空间中人的关系。

那之后我有能力负责设计平面布局。从这一点来看，我还没有考虑到美学的因素，有的只是功能分布。我还学到了什么是好的建筑。其形体与尺度是否和建筑预期使用者的类型相匹配？建筑是否有维持其有效运行的系统？基于这些知识，开发商和地产专家开始让我看看他们的建筑师正在准备的设计。

我意识到其中很多是外形美观的建筑，但对于使用者来说并不是很好。此后，很多年来我都被邀请给其他设计师的作品提出意见，因为我被当作是一个由内而外看问题的人。

我并非在改变建筑师设计的形式，而是将建筑内部合理化，这样才能够更好地服务建筑的使用者。

最后，客户问我们是否可以做整个室内与外观的建筑设计。这个部门明白通过适当的功能，可以一起设计出合适的形式。我认为这可以运用到所有服务部门。如果你先解决了客户的功能问题，那么他们将委托你处理其他的业务问题。

iPhone 就是一个典型的例子。这是一款设计精美的产品，但它的真正力量是内部构造与操作系统。即使很多功能受限，史蒂夫·乔布斯依然坚持令其功能和外观同样出色。

# (57)
# 设计必须解决机遇问题
# Design Must Solve
# the Problem
# of Opportunity

还记得那句老话吗？

# I COULD DO REALLY GREAT WORK IF ONLY I DID NOT HAVE A CLIENT.

如果不囿于客户，我能完成伟大的作品。

这种想法源于一种在专业化服务公司中被广泛传播的文化。它的问题在于，服务提供者仅仅把客户视为实现个人目标与抱负的途径，他们珍视自己的作品，不容其被触碰与修改。我觉得如果你是一位画家，这种观点没有问题，但对于建立专业化服务型公司来说却不可行。正确的方法是将客户的需求摆在首位，并为其创造财富。然后你才能够按照自己的意愿分配利润。

你的经营模式是致力于解决客户问题。如果你真正擅长于此，你将为他们创造新的机会。关键要始终专注于了解客户需求，把其放在首位并促使你的团队为他们开辟新的前进道路。这让你富有价值并为自己带来业务。

晋思例证
# 给办公室添点儿颜色吧

几年前我和英特尔的 CEO 兼董事长保罗·欧德宁（Paul Otellini）成了朋友，这家公司是硅谷的巨型计算机芯片制造商。有一次我参观他的办公室，我评论其非常灰暗乏味。

这家公司一直由工程师主导，显然他们不会很在意办公环境，因而墙壁、地毯、隔断板和椅子面料都是灰的。我开玩笑说彩色材质和灰色的价格一样，这引起了关于设施环境质量的对话。他们请了夜间脱口秀主持人柯南·奥布莱恩（Conan O'Brien）——一位励志演说家，他在 YouTube 上拍摄了一段关于英特尔灰色环境的视频。

保罗意识到并不用花更多的钱，就能为团队创造一个更好的工作环境，这能够激发和鼓励合作，并向员工展示了公司的关怀，这一切都从暗示他们的办公室可以增添一点点颜色开始。从那以后，我们设计了英特尔在世界各地的大部分工作地点，这就是设计的力量。

(58)

# 每个项目
# 都值得交付一个
# 深思熟虑的解决方案
# Every Project
# Deserves a
# Thoughtful Solution

# Look for more than "look at me" projects.

期待不仅仅"突出自我"的项目。

## 追逐设计竞标

设计行业中竞标无处不在，这些竞标会承诺带来可见利益，其希望是寄托于因中标所得到的认可将带来更多的业务机会（参见第 47 节"赢得真正的业务"）。

虽然这种情况可能发生，但我不会把所有业务都压在上面。当人们追求设计竞标时，他们真正追求的是市场中极其小的一部分，我们称之为标志性的或具有里程碑意义的项目。

## 标志性项目

标志性项目为专业服务人员提供了一个展示其全部能力和创造力的机会。潜在客户喜欢他们是因为这有助于其品牌建设，并能够展示自身的领导能力。

虽然标志性项目做起来非常有趣，但这个行业不仅仅是由里程碑式的项目构建的。事实上，绝大多数项目并不引人注目，而且具有里程碑意义的方法也不是合适的解决方案，那些平凡项目也同样值得交付一个深思熟虑、富有创意的方案。

## 平凡建筑

在这个行业，大部分建筑师痴迷于设计展示型项目，这种类型的项目可以上杂志封面以及获奖。

尽管设计师们认为创作不可思议的地标项目是一种乐趣和有

回报的努力。我也同样高兴，我们的业务是建立在交付优质平凡建筑的基础上。当一个独特的标志性设计出现时，我们也很乐于去做。

然而，在任何城市的天际线上，都有一些建筑，去填补这些地标项目或我所认为的"看看我"这种类型的建筑之间的空缺，这些建筑同样重要。而且需要设计的平凡建筑比里程碑项目多得多。

尽管这些建筑可能不会被大肆宣传，但它们确实满足了客户需要。通过满足客户需求，你将建立起业绩，即使是不那么引人注意的项目，这种正面的业绩也会起到引领作用。如果这类设计做得多，你将有能力承接更大型和更重要的项目。

**深思熟虑的解决方案**

平凡项目不得不处理各种约束条件，其中包括预算限制、严格的时间框架以及规章制度。实际上，我们发现这些约束能够促使一个项目做得更好，并更加深思熟虑。

限制能够推动你找到符合客户需求的解决方案，而且这样日复一日地寻求解决方案，可以为团队带来真正有回报的工作。

无论低调或高调，你都希望得到自己团队的尊重，并使其专注于需要深入思考的项目，不管遇到什么困难，他们都应该尽自己最大的努力去完成这些工作。这就是你建立杰出企业文化的途径。好消息是市场每年都有新的商业机会，无论大小、高调或低调。

设计过程
# Design Process

## (59) 影响客户的工作领域
# Make an Impact in Their World

**永远的客户驱动**

设计和专业化服务领域充斥着小企业与大自我，这种自我阻碍了为客户提供优质服务，所以我想说摒弃自我，把客户的需求放在首位，这是成为杰出的专业化服务公司的第一步。

你必须聆听、学习，然后进入合作过程，了解客户的需求、业务以及他们有什么问题与机会。以此为基础，你才能分享自己的观点，始终保证客户参与这个过程和谈话。

**产生高效的设计与解决方案**

很多专业人员试图用大胆的方法来迷惑客户，而不是提出有价值的解决方案。

虽然炫酷的外观或手段的最初效果可能会吸引客户，但如果这个设计方案无法满足客户的日常需求，那么这仅是麻烦的开始。这就是为什么我始终鼓励一种由内而外的设计方法：从需求出发，然后是外观、感觉和独特性。

由内而外的设计确保了你对他们的业务产生巨大而积极的影响。你产生的影响越积极，客户就越信任你，而且当他们增长与扩张时，你们的合作关系也维持得越长久（参见第56节"由内而外的设计"）。

**拓展专业知识**

当涉及到延展客户的专业知识时，公司的规模不重要。无论你是一位专业人员或一家跨国企业，你都需要为客户贡献专业知识。

努力分享观点、信息和案例，能够帮助客户通过你的解决方案，拓展他们对各种可能发生的积极影响的理解。通过交流故事和见解，你们会建立起一段持续的谈话。

最终，谈话是深入了解潜在或现在客户的最佳途径，它展示了公司的架构，使你能够同客户合作以确定他们的需求，而且这是一条双行道。我的客户一直是我最好的老师，你的客户也能够拓展你的领域。几十年过去了，我目睹了很多新行业的兴起与老行业的重塑，每个客户都开创了新的可能性，并推动我拓展自身技能。

因此掌握设计意愿和客户需求的动态，能够对客户的领域产生积极的影响。总之，让客户满意是专业人士能够体验的最大成就感。

## ⑥⓪ 优质交付
# Excellent Delivery

为公司带来业务是一回事，而赢得尊重又是另一回事，忠于客户的关键是要确保提交优质服务。

这是设计过程的核心部分。从开始沟通到最后提交给客户，你要精炼自己的交付过程，最佳交付集成了合作、执行与深度对策。

**合作**

领先的专业化服务型公司都有合作的企业文化，这是从通过整合他们的内部性能开始的，继而令你能够向客户提供更丰富的成果。

　　下一步是与客户合作找出合适的解决方案。我常常看到专业服务人士没有听取客户意见，他们视自己为专家，并希望客户完全采纳他们的意见。

　　虽然你可能有更好的解决办法，但你需要共同探索选择范围，那样你才会得出一个非常有说服力的解决方案。

## 高效执行

　　理念固然重要，而高效执行更为重要，这意味着要平衡服务交付、技术质量以及时间、预算与范围的限制等种种因素。

　　重要的是通过合作过程，双方达成一致的目标。当环境会发生变化时，一定要与客户合作，重新制定目标，这将为最终的交付清除障碍。

## 深度对策

　　让客户很容易就能接触到你们公司的深度策略。如果你是一家小型企业，这可能意味着充分利用你的专业网络；如果你是一家更大的公司，那就意味着把不同专业排序，以便客户随时使用。

晋思例证

# 设计与交付的力量

我最喜欢的一个关于优质交付的力量的案例是我与联合太平洋铁路运输公司的经历。他们聘请我们设计一座大楼,并希望这是城市中最高的建筑,我们见面后就其所需进行了深入交谈。很快,我们就遇到了问题,一栋更高的大楼正在施工中。事实上,这成就了一个从不同的角度解决问题的机会。

当我们研究他们内部部门的实际规模时,发现更好的方法是设计一座更矮的——16 层、建筑面积 25000 平方英尺( ≈ 2323m²)的办公楼,而不是 36 层、50000 平方英尺( ≈ 4645m²)的建筑。

对于客户的员工来说,这将保证每个部门的团队都在一个楼层里工作,而不是分散在一座塔楼的不同楼层,我们还增加了一个中庭,因此每个人能够在不同楼层里看到对方。

起初客户以为我们疯了,但我们向其表明这将满足员工需求、成本更低并能够提前交付后,他们同意了,现在他们有了一座专门量身定制的办公楼。这个项目是合作性的,应用了我们的深度对策,且执行得非常出色,但和最初的预期完全不同,这就是优秀设计与交付的力量。

# 61
# 极佳的体验
# Great Experience

**创造极佳体验**

创建和领导一家杰出的专业化服务型公司需要掌握创造极佳体验的能力，从潜在客户寻找你的那一刻到项目结束，你应该使其成为一段难忘的经历。

好的体验即设计时应考虑三个要素：想象力、启发性与创新性。

体验性设计思维需要跳出自身领域、走进客户。从他们的视角观察世界，你能够了解这三种要素是怎样结合并产生深远影响的。

**想象、启发与创新**

我们经历的一切都被转化为某种我们与他人分享的故事。如果事情偏离了方向，我们就绕道而行且提醒别人避免同样的经历。如果你完成了优秀的方案，那么你的客户也会非常满意，并开始支持你的品牌。

想象力是造就非凡体验的关键，它能够激发你创造激动人心的故事。

令人激动是一回事，而如何启发他们是另一回事。当你同客户建立深层情感联系时，灵感就会发生。如果你为他们创造了一段真正令人信服的体验，他们将不仅仅以业务回报你，他们会向其他人推荐你，并成为你的品牌代言。

最难的工作就是把你的理念转化为客户希望看到的现实。这就是你需要开拓创新的地方，它为你提供了将普通转化为非凡的必要手段。

晋思例证

# 机场新活力

---

曾经，去机场会令人们感到兴奋，豪华的候机厅让你感觉好像在探险，或者就要开始一段成功的商业旅行。但在过去几年，情况变得糟糕了。

现在我们害怕走进机场。候机厅变成了关于长长的安检队伍的可怕故事。抵达的体验也并不愉悦，想想看，你刚刚结束一段长途飞行，现在又不得不穿过一条迷宫般的走廊，最后到达沉闷的行李提取区。现在是时候让机场恢复其令人兴奋和鼓舞人心的生活角色了。

旧金山市同意了我们的想法，并请我们帮助扭转其机场体验。我们从旧金山国际机场的 3 号航站楼开始进行设计。他们理解设计的力量是改变人们的体验，我们很高兴受其委托在这种转型中合作。

当我们把自己当成旅行者，我们认识到要将整个故事翻转过来，它不再仅仅是关于出发，而是关于不可思议的抵达。

机场是一座城市的第一印象。今天大部分机场的抵达体验非常可怕，当你到达行李提取区或地面交通时已经筋疲力尽了，这是不能接受的。

　　我希望人们抵达后能为之一振，使其知道自己已经离开了一个地方并为抵达一座新的城市而激动。这种外观、感觉和服务告诉你到了一个很棒的地方。通过打破传统的抵达方式，我们打开了重回那种伴随旅行的兴奋与激动的可能性。

　　旧金山国际机场和美联航、美国维珍航空公司以及美国航空公司现在都是我们值得骄傲的用户，它们被评为全球最理想的机场登机区，与他们合作是一种荣幸。

# 62
# 道德法则的实践
# Ethical Practice

## 道德的企业文化

在我们这个快节奏的世界里，人们往往注重眼前利益。而你必须坚定立场，创立一种道德的企业文化。

你必须清楚表明你所坚持的最高标准，这向你的员工、客户和所在社团成员传达了一个信息，你希望同他们建立长期合作关系。

## 每次都做正确的事

就像信任一样，道德取决于你的每一个行为。你不仅需要在大部分时候遵守道德，而且要将其贯穿始终，这必须建立在你所做的每一件事情的基础上。你也许有机会通往相反的方向、走捷径或说一点点善意的谎言，但如果你以此开始，这条路则注定没有终点。

某些规定和法律往往看起来很荒谬，会对你的最终目标造成干扰，但不合乎道德的途径，将会给未来带来困扰，所以务必不要走捷径。

很多次我都有机会传递或执行机密信息，但我意识到任何眼前的利益都不值得换取长远的后果。由于习惯和规则不同，这在国外尤为艰难。感谢《海外反腐败法》，向公务员行贿会造成美国政府的巨额罚款，但在很多国家这仍是一种商业模式。

**公司内外**

有些企业文化被腐败所毒害，关键是坚持你的标准时，永远不降低标准。这是一个滑坡效应，会把每个人都置于险境。

如果你发现自己的一位客户要求你降低道德标准，那么是时候离开他了。如果你发现公司有愿意配合这种流氓行为的员工或团队，那么你需要辞退他们，否则他们会一直回来困扰你，这将对你的品牌造成永久性的损害，并抵消你为建立一家卓越的专业化服务公司所做的一切努力。

**可持续**

作为专业的服务提供者，你有能力直接影响客户的业务方向。你需要确保公司以提供建议而闻名，这些建议能考虑他们的长期需求，并符合他们的近期合约。

这意味着将可持续性融入你的思维方式，作为一种长期的思维体系，它适用于财会系统、法律合约、设计服务和其他专业化服务公司。

**承担社会义务**

我们应该多花点时间在自己的工作和生活的那些地方，作为专业的服务提供者，我们可能常常需要驻扎在客户的工作地点。所以，建议你的客户考虑其所在社区非常重要。因为当你离开了，他们还要继续在此生活，你的方案将对他们产生积极且深远的影响。

我同时也鼓励公司团队投入各自家庭的社区活动，例如加入当地民众团体、参与孩子的学校建设等回馈社会的方式。

**忠于团队**

作为老板要忠于团队，说到做到，当你承诺有意加入的员工会得到奖金时，你必须根据符合约定的条件来支付。

如果你不能兑现，不仅仅是不道德，还会失去信任。即使你没有拿到分红，也要遵守你对他们的承诺。

**创造不同**

作为老板或领导，你有能力鼓舞你的员工。我一直坚定地想要改变现状，其影响力或大或小，但关键是以身作则，并一直鼓励你的团队尽全力发挥积极的作用，让正能量持续流动。

# 晋思历史
# History of Gensler

我写下了晋思的发展历程，让你们更加了解我这 50 年的经历和怎样于其间运用书中所描述的这些法则。

1965 年，我在旧金山市中心克莱街的一家建筑事务所身后成立了一个正式的办公地点。我们从账户里的 200 美元起家。康奈尔大学的客座教授、建筑师亨利·希尔（Henry Hill）鼓励我搬到加利福尼亚。我们画图的地方是在两个锯木架上搭的空心门的位置。我的第一项重大开销是购买平行尺以代替正在使用的丁字尺。一位叫做吉姆·福利特（Jim Follett）的年轻绘图员在第一天加入了我们。我的妻子当时正在另一家建筑事务所工作，她是我们的兼职秘书、会计和业务经理。我们第一个任务是帮助美国铝业公司大厦规划室内空间。

几个月后，我以前在牙买加工作时的老板哈尔·埃德尔斯坦（Hal Edelstein），打来电话说他现在在佛罗里达，听说我成立了一家公司，他正想要寻求改变，问可不可以来旧金山和我一起工作？几个星期后他来到我们家，我记得他开了一辆纳什兰博勒，后面拖着一辆 U-Haul

拖车。他一边读合同，一边试着找拖车掉头的地方，他说千万别用纳什兰博勒牵引拖车，他已经拖着这辆车开了3000英里（≈4828km）。最后哈尔成了公司的首席建筑师。

查理·克里德勒（Charlie Kridle）是另一位早期加入者。这是一位全能的天才建筑师。他曾一度离开公司，在加利福尼亚州圣·路易斯–奥比斯波县和华盛顿州的建筑学院任教，但他最终回来并牵头公司零售商铺的设计实践，这是一个"回归"的例子（参见第25节"回归"）。

**令公司为人所知**

公司成立的前几年专注于提供规划租赁空间和室内设计的服务。我们设计了一个漂亮的、弗兰克·劳埃德·赖特风格的房子。从那次经历后我就拿定主意，认定客户的房子不是我的，也不是公司的。在整个公司发展的历程中，我们只做过四栋这种房子，其中一栋是为了一个家被大火烧成灰烬的朋友。

一位试图进驻美铝大厦的客户，最后因故不得不在建筑完工前搬走，我们同他们一起在一家旧床垫工厂里找到了新场所。作为该工厂场地的一部分，开发商格尔森·巴克尔（Gerson Bakar）正在做一个大型多户住宅项目——纳福坊公寓。格尔森了解公寓，但对办公开发并没有很多经验。我们帮他做租赁，他信任我们去协助谈判，这个项目进展顺利，也从而开始了超过45年的合作。

我们共同完成了万事达信用卡的第一座新的办公楼、旧金山KGO电视台的所有室内布局与设计、莱维广场的两栋大楼和一个计算机中心、加州纽波特比奇市的1200个单元的公寓项目以及很多很多其他的项目。

当我们成功完成了美铝大厦的招商计划，我接到了著名房地产经纪公司——高纬物业的副董事长托尼·彼得斯（Tony Peters）的电话，他被美国银行聘请为旧金山新总部大楼的项目经理。这座建筑将有200万平方英尺（≈18.6万 m²）的办公面积，其中一半被银行租下，另一半是其他业态。我们成功地拿下这个项目——事后看来，这件事情使得我们公司真正被公众所注意。不仅仅是因为这个建筑的特殊性，而且因为它进驻的租户都是各自行业中的佼佼者：投行、管理顾问、很多知名的律师行以及其他的杰出企业。我们与美国银行还有高纬物业建立了合作关系，这是了不起的租客名单，今天这其中很多公司都还是我们的客户。美国银行已同我们合作了超过45年。

**公司发展初期**

大概在公司成立后的第三年，我们约有 30 位员工，我意识到我需要学习企业经营。我们当中大概有 10 个人具备做高层的潜力，所以我决定报名参加加州大学拓展计划夜校的商业管理课程。上了 3 个星期的课后，我觉得需要更快地学会这些知识并和我的团队分享。所以我们聘请了格伦·斯特拉斯堡（Glen Strasburg）教授来公司教我们相关的一切，从制定预算和阅读财务报表，到面试未来员工。格伦最后成为我们公司乃至整个建筑行业的优秀顾问。

从认识到与高纬物业合作为我们开辟了很多路径。比如，托尼·彼得斯介绍我们面谈丹佛中央银行的室内设计，最后我们赢得了这个项目。我的第一位员工吉姆·福利特在丹佛开了一个办事处负责这个项目。我们签了三年租约（与项目合同期限一致），我和吉姆的协议是他在出色完成银行项目的同时，要在科罗拉多地区寻找未来的机会。吉姆成功地做到了这两点。凡批种种，至今历历在目。

**团队组建**

与此同时，我接到了一个永远不会忘记的电话。一个周五的下午，一位名为勒罗伊·帕里斯（Leroy Paris）的先生问我除了银行室内设计，还能否做其他项目。他在高纬物业的宣传册上看到了我们公司的名字。当我回答"Yes"的时候他说："我从鹏斯石油公司打来，我们需要有人在德克萨斯的休斯敦做一个 600000 平方英尺（ ≈ 5.6

万 m²）的总部大楼室内设计。"他补充了一句我到今天仍珍爱的一个注脚，他说："我们远不止一个黄色油罐，我们是自然资源公司。"对于一个 600000 平方英尺的项目，我愿意去任何地方。我接了这个任务并在休斯敦成立了一家分公司。当我走进办公室，员工们都很紧张，我搂着他们的肩膀说："你们愿意搬到休斯敦吗？"他们答应了，托尼·哈伯也去了休斯敦。托尼很快和他的妻子安顿下来，但需要一位室内设计合伙人协助他。我曾有幸和一位家具经销商共进午餐，我们当时谈论过这类市场中的人才，他提到了一位曾做过美国银行大楼室内设计的女士，她因为所任职的公司没有女性合伙人而被忽视。我很快聘请了这位玛尔戈·格兰特（Margo Grant）女士去休斯敦。后来，她开设了纽约分公司，并协助创建华盛顿特区和伦敦的分公司，最后她成了公司的副董事长。

我在我的家乡加州蒂伯龙的一个规划委员会的会议上，看到了一位年轻的建筑师埃德·弗里德里希（Ed Friedrichs），在非建筑用地上设计了一个房子，实际上他最终使这个项目建成了。会后我主动邀请他喝点儿东西。埃德毕业于宾夕法尼亚大学建筑学院，但由于市场不景气，他当时正在为一个房屋定制建筑商工作。我聘请他来到旧金山的公司。

### "两人分活"规定

高纬物业雇佣我们在洛杉矶为新美国银行大楼／艾科大厦做租赁

开发。他们提议应该成立一家高纬物业的子公司，叫做"三联集团"
（Group Three），人员分别来自纽约市的公司 JFN，洛杉矶的公司
Selje、邦德和斯图尔特，以及我们晋思，大家共同管理操作。新公
司从来没有真正运行过，但我们完成了这个项目，同时也结识了很多
朋友，尤其是一个团队的项目经理凯彻姆、佩克和托勒都很喜欢我们，
并鼓励我们在洛杉矶成立分公司，他们还坚持让我们聘请一位名叫
马文·塔夫（Marvin Jaff）的建筑师。这是我们第一次成立一家不是
由晋思员工负责的分公司。虽然马文工作出色，并一直为公司服务
至退休，但埃德·弗里德里希还是要在洛杉矶与旧金山间来回奔波，
显然，除非有晋思的经验员工带领，否则洛杉矶分公司不会成功，所
以埃德·弗里德里希同意搬到洛杉矶。

  我开始意识到"两人分治"的重要性。对于一个人来说，很难做
到同时管理公司的所有事务、见客户和设计，两个人紧密团结、互
相合作能更好地展示公司。我们有玛尔戈和托尼在休斯敦，埃德和
马文在洛杉矶，以及东·肯尼迪和我在旧金山。

**接近客户**

  美孚石油看到鹏斯石油的项目，让我们到纽约市面试。我能够清
楚地记得那一天。玛尔戈和我见了他们的项目经理和公司董事长。
那段日子董事长经常见室内建筑师。我们做了陈述，他们说当天晚
些会通知是否被选中。

我和玛尔戈面面相觑、问还应该做什么？我们唯一的想法是去无线电音乐厅看"火箭女郎"。我每隔一个小时就躲进洗手间打付费电话询问情况（当时没有手机）；他们说还没有结果，一小时后再打回来。所以我们又接着看了一会儿表演和一场电影。最终，在我打了三个电话以后，他们告诉我，我们被选中设计华盛顿特区的新总部大楼。我原以为他们会希望我们在华盛顿设立办事处，但没有，他们说要在纽约市。我回到旧金山，玛尔戈搬到了纽约。不久后，我接到了高盛投行的电话，说他们原本想合作的那个公司太忙了，而那家公司推荐了我们。我猜想其推荐原因是不想做传统竞标。高盛投行需要我们为其新的总部大楼做室内设计，因此吉姆·福利特从丹佛搬到纽约来帮玛尔戈。

### 回归计划

大概在公司成立的第五年，我们聘请了瓦尔特·亨特（Walter Hunt），他是一位天才建筑设计师也是一位有潜力的领导者。几年后，他一度离开为一位想要休息的朋友策划设计展览和经营制造公司。当他回来后，我让他从旧金山搬到丹佛，接替吉姆离开去纽约市以后的位置。那时，我们开始了"回归计划"——这是公司关键的企业文化，欢迎曾经离开过公司的重要人物回归。最终他搬到纽约接替了吉姆·福利特的职位，吉姆去支援玛尔戈并成了纽约分公司的联合执行总监，在玛尔戈退休后，他担任了公司的副董事长。

**客户带来机会**

在公司发展的早期，我们聘请了一位才华横溢的室内设计师奥兰多·黛安兹·阿兹库（Orlando Diaz Azcuy）。他在旧金山总公司工作，但主持了很多全国重要的室内设计项目。奥兰多制定了一套公司至今还在沿用的设计标准。他离开后成立了自己的公司，并成为一位成功的家具设计师和国际上备受尊敬的高端住宅设计师。

我们纽约分公司有一个绝佳的机会——设计华盛顿特区的一家知名律师行科文顿柏灵律师事务所的办公楼。我们开始为纽约市以外的客户服务，但最终认识到需要在华盛顿特区成立一家分公司，这样能更好地服务客户以及回应其他到来的机会。克里斯·莫里（Chirs Murray）从纽约分公司去了华盛顿。

最后，纽约分公司的黛安娜·霍斯金斯（Diane Hoskins）先是搬到了洛杉矶，然后去了华盛顿特区，并最终成为该分公司的负责人。

有一点很重要，我们每一家分公司的成立都是通过在当地赢得一个重要的项目，公司每一次拓展都使用了这个法则。一家跨国投行让我帮忙为其在伦敦的国际总部大楼面试当地的建筑事务所，所以玛尔戈去了伦敦。在面试了很多当地的英国公司后，他们说："你们为什么不在伦敦成立办事处来做这个项目？"之后玛尔戈带了一些纽约晋思的员工去那里创建公司。我们聘请了当地人，但最终从美国派过去18位员工帮助他们开展业务。

**不断寻找人才**

我们学到了一种平衡——晋思有经验的员工和当地了解其国家和习惯的员工之间的一种很好的平衡。出生于英国的托尼·哈伯（Tony Harbour）决定离开休斯敦回到家乡帮助带领当地公司，他请来了一个英国人克里斯·约翰逊（Chris Johnson），这个人最终和他一起负责伦敦分公司。在托尼离开休斯敦后，我们继续寻找最合适的人接替。我们找到了吉姆·福利特，他领导了休斯敦公司很多年，并建立了达拉斯和奥斯汀分公司。

玛尔戈在纽约招聘了一组优秀的员工，乔·布兰卡多（Joe Brancato）和罗宾·克里尔·阿维亚（Robin Klehr Avia）两个人自告奋勇并最终成为纽约市分公司、继而整个公司的主要领导者和管理负责人。在所有的拓展中，最初的领导团队最终组成了董事会，他们是托尼·哈伯、玛尔戈·格兰特、埃德·弗里德里希、我妻子、公司律师以及我自己。我们6个人——但每天都在公司的是4个人——领导了晋思很多年。

成为公司总裁的埃德·弗里德里希决定我们需要有财务和商业经验的人，帮助建立运营团队。埃德请了我的儿子大卫，他曾是一名商业顾问，并于达特茅斯和斯坦福商学院毕业后从事金融工作。

大卫和埃德一起工作，作为公司财务总监，他带领行政和后勤团队。大卫后来搬到伦敦，帮助领导伦敦分公司以及拓展我们在欧洲的业务，埃德回到大部分执行员工和我所在的旧金山，安迪·科恩去经营洛杉矶分公司且在提升公司设计过程中发挥了积极的作用。我们成立新公司是为了满足客户要求，我们承诺客户无论在哪儿都要提供他们所需的服务。我们从主要从事室内设计扩展至整个建筑服务，以及许多实践领域。

**由丹佛进军中国**

我们以迂回的方式进入了中国。丹佛分公司聘请了一位非常有才华的年轻建筑师夏军，他在上海长大，在科罗拉多完成了建筑专业学习。夏军接到了在规划部门工作的朋友们的邀请，当时政府正在开始整体开发地块，他们需要一位建筑师来设计这些基地。当地政府觉得中国设计师没有设计出他们想要的，而夏军提供了一些令人兴奋的设计解决方案。

他开始往返于上海，并同他在丹佛的团队尝试做出回应。首先，差旅很贵而且会耗尽一个人的精力。其次，当时中国的交付时间远比美国要短（且一直都是）。所以夏军搬回上海，现在已经创立了一家极其成功的分公司，他目前正在做中国最高、世界第二高的上海中心（译者注：上海中心目前已竣工），通过其他项目，他如今已经拓展到北京以及中国其他城市。

**规划未来**

当玛尔戈、托尼和埃德开始计划退休，公司需要认真地看待领导层过渡。虽然我年纪越来越大，但还不能想象完全退休。我意识到逐渐交接对我们来说是一个代代传承的更合适的方法。我们非常成功地实行了主要负责人股权分配计划、利润共享和员工持股计划，并支持 401(k) 计划。这让我们的员工在离开的时候有很好的经济条件。从一个团队过渡到下一个团队也很重要，下一个团队已经准备好在其各自领域中扮演领导角色，虽然我们没有强制的退休年龄，但我鼓励员工走入人生的下一个阶段。

在专家和顾问的大量帮助下，我们建立了六人制的执行委员会。这六个人紧密合作，并同董事会轮换成员以及管理委员会一起来率领公司，让更多的人接触到公司领导的角色和职责。

当整个团队不断发展并在公司日常运营中积累的经验越来越多、且不断追求新的、令人激动的机会时，我清楚地看到了是时候卸任董事长的职位了。但我仍积极地同一些长期合作的私人客户一起工作。

50 年，我们一路走来，从一家只有三个人的工作室，到在全球 14 个国家成立了 46 家分公司，超过 4800 位员工的企业，2014 年收入超过 10 亿美元。这 50 年，我们取得了长足的进步。我为晋思的每一个人感到骄傲。虽然我们被称作设计企业，但其所汇集的各类人才和管理层团队组成了璀璨的"群星汇智"，让这一切得以实现。

这 46 家分公司中大部分是由晋思员工创立并得到当地聘请的员工支持。几乎每个案例，都是从满足我们其中一位国际客户的需求开始。就公司而言，这是兑现承诺的一种方式，无论在哪儿，尽其

所能来满足客户的需求。这巩固了我们同客户的合作关系，并让我
们有能力成为一家真正意义上的、全方位的服务提供商。

# 特别感谢
# Acknowledgments

　　如果没有我亲爱的妻子德鲁 58 年婚姻生活中的支持与鼓励，不会有晋思，也不会有你们看到的这本书。德鲁于晋思的成立，许多管理、会计系统的设置以及领导能力，尤其是对女性员工的领导才能之贡献是惊人的。不仅如此，她还抚养我们 4 个儿子长大，全力支持儿媳和孙子、孙女们。

　　她鼓励我聘请最优秀的人才，无论男性还是女性，并在我们所有人中扮演了一个强有力的榜样角色。我一直尊重和钦佩她的领导能力。她积极参与早期女权运动，是米德尔伯里学院董事会成员，曾任阿富汗妇女教育学院主席。

　　我同样想感谢我的 4 个儿子，大卫、罗伯特、肯恩和道格，以及我的儿媳与 10 个孙子孙女，他们让我和德鲁的生命愉快且有意义。我尤为有幸，每天都有机会同我们的两个儿子——大卫和道格一起工作。他们的日常贡献使公司发展得更好，且为客户提供了杰出的专业服务。对于他们以及晋思的每一位让我每天都甚感骄傲的员工，我要说谢谢。

谢谢公司最初的董事会成员玛尔戈·格兰特、托尼·哈伯和埃德·弗里德里希，以及现任执行委员会罗宾·克里尔·阿维亚、乔·布兰卡多、丹·瓦恩、黛安娜·霍斯金斯、安迪·科恩和大卫·甘斯勒。如果没有他们的理念以及对公司的承诺，这本书将无法完成。

大卫和迈克尔·TS·林登麦伊尔是在沙特阿拉伯的沙漠里露营时认识的。大卫约了他同我见面，我们一见如故。当我提到自己有意出书时，迈克尔说他可以帮忙优化版式、校对以及编辑格式。

晋思的主要负责人道格·威特伯绘制了书中所有的插图，行销总监马克·科尔曼与一位非常有才华的设计师——吴玉主持设计、制作，桑迪·贝克身兼编辑与终稿出版顾问。吉姆·埃德加、马蒂·曼利、泰德·霍尔以及大卫·甘斯勒在读完这本书的初稿后给出了很多宝贵的意见和建议。这里，我还要感谢伴随我26年的助手贝琳·普雷瑟，从公司成立起就加入的律师、顾问、董事会成员丹尼斯·莱斯。最后衷心感谢晋思全体员工，是他们让我的每一天都倍感骄傲。

# 作者简介
# The Authors

**亚瑟·甘斯勒**

    1965 年，建筑师与企业家亚瑟·甘斯勒创立了晋思建筑设计公司。50 年来，晋思从一家只有 3 个人的事务所逐渐成为全球最大的设计企业。他的成功综合了专业的设计服务、创新的领导能力以及团队建设。作为社交网络的先锋，亚瑟与各类客户保持着长期合作关系，其中包括美国银行、盖璞和高纬物业。身为康奈尔大学建筑艺术与规划学院的毕业生，亚瑟赢得了很多荣誉，如 1955 年"康奈尔年度企业家大奖"和"安永会计事务所终身成就奖"。2000 年，晋思获得美国建筑师学会颁发的"年度杰出企业奖"。

**迈克尔·TS·林登麦伊尔**

迈克尔是一位企业家、教育家和作家，致力于公司规模、影响力的核心商业与设计原理研究。过去的20年，他受聘于美国、欧洲、南亚以及拉丁美洲的多家盈利和非盈利企业。同时，迈克尔还是芝加哥布斯商学院的副研究员，也是《傻瓜丛书——慈善机构和慈善家》的合作者，以及《福布斯》杂志撰稿人。

亚瑟·甘斯勒和迈克尔·TS·林登麦伊尔合作了一个教育平台，教授《亚瑟法则》一书中所分享的核心理念。

详细内容请登录www.artprinciples.com。

著作权合同登记图字：01–2017–9474号

**图书在版编目（CIP）数据**

亚瑟法则 / （美）亚瑟·甘斯勒，（美）迈克尔·林登麦伊尔著；马红杰，李硕译. —北京：中国建筑工业出版社，2018.4（2021.10重印）

ISBN 978–7–112–21829–5

Ⅰ. ①亚… Ⅱ. ①亚… ②迈… ③马… ④李… Ⅲ. ①建筑设计–建筑企业–企业管理–经验–美国 Ⅳ. ①F471.269

中国版本图书馆 CIP 数据核字 (2018) 第 030220 号

本书由 Wilson Lafferty 授权我社翻译出版

责任编辑：徐明怡　徐 纺 / 美术编辑：陈 瑶 / 封面设计：张悟静
插图设计：道格·威特伯 / 责任校对：张 颖


**亚瑟法则**

【美】亚瑟·甘斯勒 迈克尔·林登麦伊尔 著

马红杰　李硕 译

\*

中国建筑工业出版社出版、发行（北京海淀三里河路9号）

各地新华书店、建筑书店经销

北京建筑工业印刷厂印刷

\*

开本：850×1168毫米　1/32　印张：9⅝ 字数：160千字

2018年4月第一版　2021年10月第五次印刷

定价：45.00元

ISBN 978–7–112–21829–5

　　　（31671）

**版权所有 翻印必究**

如有印装质量问题，可寄本社退换

（邮政编码　100037）